Selbsthilfe durch Autogenes Training

D1934020

humboldt
Ratgeber

Eine Auswahl interessanter Titel in unserer Reihe:

Das ist Yoga	ht 82
Psychoanalyse	ht 168
Traumbuch	ht 226
Gymnastik	ht 228
Kneippkur – auch zu Hause	ht 230
Taschenbuch der Psychologie	ht 238
PSI – Rätselhafte Kräfte des Menschen	ht 244
Angst erkennen – Angst überwinden	ht 276
Erkenne dich – erkenne andere!	ht 283
Partnerwahl – Partnerschaft	ht 312
Gedächtnis-Training	ht 313
Yoga + Gymnastik	ht 333
Autogenes Training – Schritt für Schritt	ht 336
Heilpflanzen kennenlernen und anwenden	ht 342
Guter Schlaf – gute Nerven	ht 354
Fernöstliche Heilmassage	ht 355
Schwangerschaft und Geburt	ht 392
Sauna	ht 406
Heilfasten = gesund + schlank	ht 407
Taschenlexikon der Naturheilkunde	ht 410
Wörterbuch der Psychologie	ht 416
Entspannungs-Training	ht 430
Depressionen vorbeugen – lindern – heilen	ht 431
Schluß mit dem Streß!	ht 452
Frauenkrankheiten vorbeugen – lindern – heilen	ht 455
Taschenlexikon der Medizin	ht 462
Elektro-Akupunktur	ht 480
Kranke Seele – kranker Körper	ht 484
Autogenes Training und Meditation	ht 510
Homöopathie – Naturmedizin	ht 553
Hausrezepte und Heilmittel	ht 562
Erfolgsgeheimnis Selbsthypnose	ht 571
Schluß mit dem Rauchen!	ht 572

Selbsthilfe durch Autogenes Training

Von Gerhard Jäger

humboldt

humboldt-taschenbuch 466
Umschlaggestaltung: Christa Manner, München
Umschlagfoto: Gruner + Jahr Fotoservice, Hamburg
(Fotograf: H. Fenchel)

Bitte, beachten Sie den Eignungstest für Ihr Autogenes Training auf der Rückseite des Broschurumschlags, und lesen Sie nach auf Seiten 9–10.

Druck: Presse-Druck Augsburg
Printed in Germany
ISBN 3-581-66466-6

Inhalt

1. Ein Selbstversuch – und die Geheimnisse Ihrer Seele

Liebe Leserin! Lieber Leser!
Am liebsten wäre es mir, wenn Sie dieses Buch gleich nach dem Lesen der ersten fünf Absätze erst einmal wieder zuklappen würden. Sie könnten sich dann nämlich mit einem Selbstversuch überzeugen, daß auch in Ihrem Innern Einflüsse stattfinden, die auf Einbildung beruhen. Ärzte und Psychologen nennen das Suggestion.

Fast jeder kann sich selbst etwas einreden oder einreden lassen. Zugegeben, daß es dazu einer gewissen Bereitschaft bedarf. Aber da Ihnen dabei überhaupt nichts Unangenehmes passieren kann, machen Sie doch einmal das folgende Spiel:

Auf der Rückseite des Buches sehen Sie auf weißem Grund ein rotes Karree mit einem schwarzen Punkt in der Mitte und einen weiteren schwarzen Punkt im Weißen. Setzen Sie sich ganz locker und entspannt in einen Sessel oder legen Sie sich auf die Couch. Halten Sie die Buchrückseite im Leseabstand vor Ihre Augen, so daß alle Konturen scharf sind. Wenn Sie zum Lesen eine Brille brauchen, setzen Sie die Brille auf. Sorgen Sie dafür, daß halbwegs helles Licht auf den Buchdeckel fällt.

Und nun blicken Sie ganz konzentriert auf den schwarzen Punkt im roten Feld, als wollten Sie in ihm etwas lesen. Ungefähr eine Minute lang, ohne abzuweichen.

Dann wandern Sie mit den Augen, ohne zu zwinkern, auf den schwarzen Punkt im weißen Feld. Erstaunlich: Um den Punkt herum sehen Sie jetzt eine mehr oder weniger kräftige zartgrüne Fläche, obwohl der Buchumschlag doch weiß ist! Wenn Sie diese Erscheinung betrachten, bis sie wieder verblaßt – und wenn Sie anschließend mit den Augen zurückkehren zum schwarzen Punkt im roten Feld, dann werden Ihre Augen allmählich müde, so daß Sie ein Bedürfnis empfinden, sie zu schließen. Geben Sie sich dieser Müdigkeit ganz gelassen hin und genießen Sie die gewonnene Ruhe. Davon haben wir ohnehin viel zuwenig.

Hier lesen Sie nach dem Selbstversuch weiter:
Die grüne Fläche, die es gar nicht gibt, ist eine Täuschung. Sie beweist, daß Sie beeinflußbar sind. Wissenschaftler sagen: Sie sind suggestibel. Suggestierbar sind wir alle, hypnotisierbar hingegen nicht. Suggestion ist die leichteste Form der Hypnose, genauer gesagt: mit Suggestion kann man hypnotische Zustände bei manchen Menschen erzeugen. Mit Selbst-Suggestion können die meisten Leute sich auch selbst in einen leichten hypnotischen Zustand versetzen. Ihnen ist Selbst-Suggestion, auch Auto-Suggestion genannt, ebenfalls als Autogenes Training bekannt.
Durch die Betrachtung einer roten Fläche und die anschließende Vision einer grünen Fläche ist in Ihrem Körper etwas Weiteres geschehen: Sie haben eine gewisse Zeit lang einen angenehmen Zustand der Müdigkeit empfunden. Wahrscheinlich nicht sehr stark und nicht für lange Zeit. Vielleicht sind Sie sogar eingeschlafen. Das verdankten Sie aber womöglich der Tatsache, daß Sie ohnehin schlafbereit waren.
Immerhin: Sie haben mit Ihrem Selbstversuch sich selbst einen Beweis geliefert, daß man mit suggestiven Methoden, mit Autogenem Training, erwünschte Zustände herstellen und durch mehr Training vertiefen kann.
Dieses Buch will Ihnen helfen, wünschenswerte Zustände wiederherzustellen, die Ihnen durch alle möglichen äußeren und inneren Einflüsse abhanden gekommen sind. Sie bedienen sich dabei einer besonderen Art des Autogenen Trainings, die Sie ganz leicht erlernen können.

Die sieben Seuchen unserer Zeit

Wir wissen oder ahnen alle selbst, woran es liegt, daß trotz höchster Erkenntnisse der Wissenschaft, bester Medikamente, peinlichster Hygiene die Menschheit an Leib und Seele nicht viel gesünder ist als in früherer Zeit. Zwar sind Pest und Cholera, Pokken und Tuberkulose in unseren Breiten fast ausgestorben. Dafür werden wir aber von anderen Geißeln geschlagen:

- An Nervosität leidet jeder zweite.
- Schlafstörungen beklagt jeder vierte.
- Erschöpfungszustände machen jeden fünften kaputt.
- Jede zweite Frau und jeder vierte Mann haben Verstopfungen.
- Trotz (oder infolge) Edelkost hat jeder zehnte Magenbeschwerden.

- Durch Bewegungsmangel leidet jeder zwanzigste an Atemnot.
- Jeder sechste hat Herzneurosen.

Alle diese Leidensbereiche sind Folgen von Gegenwartsübeln, denen sich der einzelne nicht entziehen kann – es sei denn, er wollte Einsiedler werden – und oft auch nicht entziehen will, weil manche Übel »Spaß« machen: So zum Beispiel lukullische Essen, Genuß alkoholischer Getränke, rauchen, bis in die Nacht fernsehen. Hinzu kommen Existenzangst, Konkurrenzneid, Leistungszwang. Bewegungsmangel und das Fehlen jeglicher Kältereize (überall ist Zentralheizung), allgemeine Umweltverschmutzung (Smog der Städte) und chemische Zusätze in ca. 70 Prozent aller Nahrungsmittel tragen mit hoher Wahrscheinlichkeit zu den Leiden unserer Zeit bei.

Die Medizin steht ziemlich ohnmächtig vor den »Symptomkomplexen«. Ärzte verschreiben Medikamente, die auf Linderung der Leiden, auf Befreiung von Schmerzen gerichtet sind. Mittel, mit denen die Ursachen der Leidensentstehung beseitigt werden können, haben sie nicht.

Deshalb beklagen Millionen Menschen mangelnde Gesundheit, ohne organisch »richtig« krank zu sein. Sie leben in Angst, weil sie wissen, daß langanhaltende Beschwerden mit der Zeit fast immer zu organischen Schäden führen. Und die sind dann nicht mehr reparabel. Kaputte Nerven wachsen nicht neu. Eine defekte Herzklappe kann nie wieder einwandfrei arbeiten. Die leistungsunfähige Leber kann das Blut nicht ausreichend entgiften. Der Arzt kann nur wieder Mittel verordnen, mit deren Hilfe der Patient den verbliebenen Rest seiner Gesundheit halbwegs erhält.

Gesundheit kann man sich einreden

Es ist erwiesen, daß prinzipiell jedes menschliche Organ durch Suggestionen beeinflußt werden kann! Aber es gibt leider zu wenig auf diesem Gebiet ausgebildete Mediziner. Viele, die davon wissen, haben auch nicht die Zeit, in ihren überfüllten Sprechstunden über Wochen und Monate stundenlange psychotherapeutische Behandlungen durchzuführen.

Auch die Betroffenen selbst, die solche Behandlung nötig hätten, haben oft nicht die Zeit dazu. Oft sind es ja gerade die Gehetzten, Rastlosen – Manager, Entscheidungsträger, berufstätige Frauen

und Mütter – die Hilfe brauchen. Manche Führungskraft, die im Büro den Jugendlich-Frischen spielen muß, kann es sich hierzulande nicht leisten, ohne weiteres zum Psychotherapeuten zu gehen: Würde es herauskommen, wäre das »Image« zum Teufel.
Die moderne Psychotherapie ist nicht unschuldig an dieser – verkehrten – Einstellung: Die Fachleute streiten um Dutzende von Methoden, als gäbe es nur eine einzige »reine Lehre«. In Wahrheit führen viele Wege zum Ziel, wenn sie nur Vertrauen zwischen Behandler und Patient herstellen können.
Schließlich sind die Krankenkassen – öffentliche und private – längst nicht immer bereit, die hohen Kosten einer Behandlung mit dem »Medikament« Suggestion zu tragen. Eher zahlen sie jahrelang die Kosten für Abführpillen, bevor sie akzeptieren, daß ein Patient durch 20 Sitzungen beim Psychotherapeuten zum normalen Stuhlgang zurückfinden kann.
Sie, liebe Leserin, und Sie, lieber Leser, könnten mit diesem Buch sofort beginnen, alle möglichen Beschwerden selbst zu bekämpfen. Vorausgesetzt, Sie haben kein schweres, organisches Leiden (siehe Seite 145). Selbstbehandlung mit der hier vorgeschlagenen Methode ist immer dann richtig, wenn es sich um nervöse und/oder funktionelle Störungen handelt.
Die Selbstbehandlung geht von der Wirklichkeit und den Möglichkeiten aus, wie sie sich nach Feierabend in den privaten vier Wänden bieten: Wenn Sie abends abgespannt zu Hause ankommen und noch Anteil am Familienleben und am Haushalt nehmen, wollen und können Sie keine großen »Lernprogramme« mehr durchführen. Im dritten Kapitel wird deshalb unter anderem eine *Grundübung* abgedruckt, die zur Selbstbehandlung jedweder Beschwerden geeignet ist. Sie ist bei jeder Krankheit immer die gleiche.
In den Kapiteln 4 bis 11 findet der Leser dann die *speziellen Übungsteile*, die zur erfolgreichen Behandlung seiner Krankheit erforderlich sind. *Jede komplette Übung besteht also aus dem allgemeinen Grundübungsteil (Kapitel 3) und dem speziellen Übungsteil*, der auf die Besserung der Nerven, des Herzens, des Stuhlgangs usw. gerichtet ist. *Schließlich wird die Übung mit einer Schlußformel beendet, die Sie auf Seite 43 ff finden.*
Sie brauchen die Worte und Sätze, die Sie sich »einreden« werden, nicht mühsam auswendig zu lernen. Vielmehr können Sie unter vier Möglichkeiten wählen, was Ihnen am meisten sympathisch ist.

- Sie lesen die Übung mehrmals durch und machen sich den Inhalt sinngemäß – nicht wörtlich – zu eigen. Sie sprechen dabei, wie Ihnen der Schnabel gewachsen ist. Hauptsache: langsam, voller Pausen und Wiederholungen. Die Methode geht Ihnen bald in Fleisch und Blut über.

- Sie sprechen sich die Übung selbst auf ein Tonband, nachdem Sie Textstellen, die Ihnen nicht in den Sinn oder in Ihr Beschwerdebild passen, durch eigene Worte ersetzt haben.
- Sie lassen sich die Übung von Ihrem Partner täglich vorsprechen. Vorteil dieser Methode: Die aktive Hilfe des Partners wird als angenehm und heilsam empfunden.
- Sie bestellen die entsprechende Tonband-Kassette zur Behandlung Ihrer Beschwerden (vgl. hierzu die Fußnote auf Seite 19). Sie enthält Grundübung und spezielle Übung samt Schlußformeln. Sie brauchen dann also gar nichts zu lernen, brauchen auch keinen Partner zu bitten, sondern können sich die komplette Übung jederzeit vom Tonband (möglichst leise) abspielen.

Um Erfolg zu haben, brauchen Sie an die dargestellte Form des Autogenen Trainings nicht blind zu glauben. Die Fähigkeit, sich selbst heilende Sätze einzureden, hat auch der kritische Mensch. Natürlich wird es sinnlos, jeden Satz, den Sie sich selber zusprechen oder zusprechen lassen, mit dem Kommentar zu versehen: »Ist ja doch alles Blödsinn!«

Soweit dies möglich ist, will ich versuchen, die in diesem Buch zusammengestellte Behandlung – eine Mischform von Selbst-Suggestion, Autogenem Training und leichter Hypnose – mit vernünftigen Erklärungen zu versehen. Dazu ist manchmal etwas Theorie nötig, die viele äußerst spannend finden, während sie andere langweilt. Sie können über solche Absätze getrost hinweggehen. Für den Erfolg der Behandlung sind sie nur dann wichtig, wenn der Leser sie für die eigene Person für wichtig hält. Weil er zum Beispiel ohne die Begründung an die ganze Angelegenheit nicht glauben möchte.

Die verdammten Krankheitsursachen

Wir haben uns im Zeitalter der Technik daran gewöhnt, und so ist es nun einmal, immer nach dem »Warum«, nach einer Ursache zu fragen. So auch bei Krankheiten. Da kommen also Bakterien, setzen sich in den Rachenmandeln fest. Der Mensch bekommt eine Angina. Die Bakterien wuchern längere Zeit, produzieren

Gifte und gelangen schließlich über die durchbluteten Mandeln ins Blut. Weil das Herzgewebe den Angina-Bakterien besonders angenehm ist, setzen sie sich auf dem Blutwege dort fest und machen die Herzklappen kaputt. Deshalb ist jede Angina gefährlich, was leider nicht jeder weiß, aber beim Arzt erfahren kann. Ein handfester Tatbestand.

Nun kommen aber bei Nervosität oder Schlaflosigkeit nicht unbedingt Bakterien vor, und nicht allemal setzt sich irgendwo etwas fest und streut Gifte aus. Trotzdem leiden mehr Leute an Nervosität als an Angina. Warum? Bei dieser Frage kommen selbst Ärzte ins Schwimmen.

Erst in den letzten 20 Jahren beginnt die Wissenschaft, die Zusammenhänge zu ahnen. Fest scheint zu stehen, daß jedem Menschen ein Seelenkonto mit auf den Lebensweg gegeben ist, das ihn ausstattet mit den Fähigkeiten Geborgenheit, Liebe, Zuwendung, Bestätigung, Erfolg, Freude, Ruhe, Aufregung, Wißbegierde und vielen anderen mehr. Wie bei der Bank kann er davon abheben für den Eigenbedarf und kann Überweisungen versenden. Er überweist an Lebenspartner, Kinder, Freunde, Arbeitgeber, Nachbarn.
Natürlich überzieht man leicht sein Konto, wenn man nur abhebt und überweist. Es müssen auch Eingänge notiert werden. Nur ein ausgeglichenes Konto bürgt einigermaßen für Gesundheit. Steckt man lange in den roten Zahlen, wird man krank vor Angst. Kommt nichts herein von seinen Partnern, wird man aggressiv. Geht man selber allzu freigebig mit dem Guthaben um und verteilt zu viel, ist man leicht enttäuscht. Ist man selbst zu geizig, zahlen die andern bald auch nichts mehr ein.

Das Seelenkonto, das dem einzelnen »geschenkt« wird, kann reich oder ärmlich sein. Keiner kann es sich aussuchen. Die »Umsätze« freilich, die der Konto-Inhaber im Verlaufe seines Lebens tätigt, hat er in hohem Maße selbst in der Hand. Er muß danach trachten, daß sich Geben und Nehmen, Passiva und Aktiva die Waage halten.

Wenn Bakterien, Viren oder Pilze den Körper angreifen, macht der Arzt einen Abstrich oder eine Blutprobe und weiß dann ganz genau, was seinem Patienten fehlt. Im Bereich der seelischen Erkrankungen, die auf den Körper umschlagen, ist die Erkennung der Krankheitsursache viel schwieriger. Es liegt die Vermutung nahe, daß der Patient seelisch-geistige Probleme »automatisch« (ohne sein eigenes Bewußtsein) mit einer Krankheit zu lösen versucht: Die Krankheit bietet eine Möglichkeit, sich zu beklagen, was er zuvor nicht tun konnte oder wollte.

Die gleiche Ursache kann bei verschiedenen Menschen auf verschiedene Organe schlagen. Der Organismus sucht sich ganz von selbst die schwächste Stelle. Bei dem einen wird es das Nervenkostüm sein, beim nächsten das Herz, der Kreislauf, der Blutdruck, der Magen oder der Darm. Mit »eingebildetem Kranksein« hat das überhaupt nichts zu tun. Auch und gerade starke Persönlichkeiten werden von seelisch-leiblichen Erkrankungen gepackt.
Die Wissenschaft nennt den Vorgang »Organsprache«. Das schwächste Organ eines Menschen warnt mit den ihm eigenen Signalen: »Ich gehe kaputt, wenn nicht bald etwas geschieht.« Daß es die Organsprache tatsächlich gibt, wußten offensichtlich schon viele Generationen vor uns. Unsere Umgangssprache liefert den Beweis. Es gibt Hunderte von Redensarten, die von der Kenntnis der Organsprache zeugen:
Ich reagiere sauer (Magen).
Mir läuft die Galle über (Galle).
Mir bleibt die Luft weg (Atmung).
Es macht mir Kopfzerbrechen (Kopfweh).
Mir blutet das Herz (Herzneurose).
Ich platze vor Wut (Blutdruck, Kreislauf).
Mir läuft eine Laus über die Leber (Stoffwechsel).
Sie finden selbst ganz schnell zahlreiche weitere Beweise für die Sprache der Organe.

Wie sauer reagieren Sie denn nun wirklich?

Sie, liebe Leserin, lieber Leser – und ich gleichermaßen, wir alle haben gelegentlich, für kürzere oder längere Zeit, Probleme, über die wir nicht reden wollen. Vielleicht geht es später. Aber nicht jetzt. Werde ich in solcher Frage von einem andern bedrängt, dann sage ich nicht die Wahrheit, nicht die volle Wahrheit, gebrauche eine Notlüge oder schweige. Viele ziehen sich, weil sie nicht reden können und nicht lügen wollen, vollkommen zurück.
Je mehr sich der Mensch in kritischen Lebenslagen zurückzieht, um so schwerer ist ihm zu helfen. Es gibt Typen, die alles hinunterschlucken. Im Innern bricht dabei alles mögliche entzwei. Solche Leute erkranken besonders oft am Magen. Oder sie leiden an Verstopfung. Oder das Herz macht Beschwerden.

Natürlich kann auch der Arzt die Ursachen einer Krankheit nicht erkennen, wenn der Patient schweigt oder doch nicht die ganze Wahrheit erzählt. Man muß auch berücksichtigen, daß der Arzt gar nicht die Zeit hat, die »ganze Wahrheit« anzuhören. Denn das würde manchmal Stunden dauern.
Bei dem nun folgenden Fragespiel können Sie sich selbst testen, wie anfällig Sie für seelisch-leibliche Erkrankungen sind:

Das Punktergebnis können Sie so deuten:

1 – 3 Punkte: Gehen Sie die Fragen an einem andern Tag noch einmal durch. Es liegt die Vermutung nahe, daß Sie sich selbst gegenüber nicht ganz aufrichtig waren.

4 – 8 Punkte: Sie sind nicht der Typ, der alles in sich hineinschluckt und besonders anfällig für leiblich-seelische Erkrankungen ist. Wenn überhaupt, dann droht Ihnen am ehesten Gefahr im Bereich der Herzneurosen und der Nervosität.

9 – 14 Punkte: Sie tragen schon etwas unnützen Ballast mit sich herum. Der kann vor allem zu Erschöpfungszuständen und/oder Schlafstörungen führen. Sie sollten beim Erlernen der Suggestionsübungen ein paar Formeln gegen Ihre Ängste einbauen. Sie lernen an späterer Stelle ganz leicht, wie das geht.

15 – 25 Punkte: Ihr Seelenpaket ist viel zu schwer, um damit lebenslang herumzulaufen. Sie müssen sich wirklich klarmachen, welche Probleme Sie am ehesten überwinden können. Dazu brauchen Sie Freunde und Partner. So, wie Sie jetzt leben, sucht sich Ihre Seele das schwächste Organ aus und macht es mit der Zeit kaputt. Besondere Gefahren für Herz, Blutdruck, Kreislauf, Nerven. Natürlich können auch Schlafstörungen und/oder Erschöpfungszustände auftreten, die Ihnen das Leben allmählich verderben.

26 und mehr Punkte: Sie schlucken alles in sich hinein. Versuchen Sie doch, sich anderen Leuten zu öffnen. Und sehen Sie nicht alles so negativ, sagen Sie doch mal: »Es hätte noch viel schlimmer kommen können!« Am ehesten ruinieren Sie sich Magen und Darm (Verdauung) oder die Atmung. Aber natürlich ist bei Ihnen auch jede andere funktionelle Erkrankung möglich. Beginnen Sie gleich morgen mit suggestiven Übungen: Bei Kapitel 3 fängt Ihr neuer Lebensweg an.

	Problem gelöst (0 Punkte)	Problem geschluckt (2 Punkte)	Problem verdrängt (1 Punkt)	regt noch auf ja (2 Punkte)	regt noch auf nein (0 Punkte)
Mein größter Kummer war: ______					
Meine größte Schuld war: ______					
Meine größte Enttäuschung war: ______					
Meine größte Niederlage war: ______					
Mein größter Fehler war: ______					
Mein größter Verzicht war: ______					
Mein schlimmstes Erlebnis war: ______					
Meine größte Angst war: ______					
Summe der Punkte:					

Fortsetzung Seite 18

Mein größter unerfüllter Wunsch: ______	habe keinen (2 Punkte)		habe einen (1 Punkt)
Mein letzter Traum: ______ (»Serienträume« doppelte Punktzahl)	war positiv (0 Punkte)	war negativ (2 Punkte)	keine Erinnerung (1 Punkt)
Was möchten Sie anders machen? ______	nichts (0 Punkte)	alles (2 Punkte)	etwas (1 Punkt)
Wie viele echte Freunde haben Sie? ______	keinen (2 Punkte)	1–2 (0 Punkte)	viele (1 Punkt)
Wie viele Feinde haben Sie? ______	keinen (0 Punkte)	1–2 (1 Punkt)	mehrere (2 Punkte)
Finden Sie andere Leute langweilig? ______	fast nie (0 Punkte)	manchmal (1 Punkt)	häufig (2 Punkte)
Fühlen Sie sich unverstanden? ______	nein (0 Punkte)	manchmal (1 Punkt)	häufig (2 Punkte)
Wenn Sie sich unverstanden fühlen – wer ist schuld? ______	meist andere (2 Punkte)	meist selbst (1 Punkt)	entfällt (0 Punkte)

Summe der Punkte:

Jedermann hat Seelenprobleme

Kommt der Patient zum Psychiater: »Jeden Tag, bevor ich einschlafe«, berichtet er, »sehe ich ein Krokodil, das unter meinem Bett liegt. Bitte, helfen Sie mir.«
»Ganz einfach. Sie brauchen sich nur einzureden: Da ist kein Krokodil. Da ist kein Krokodil . . . Eine Woche lang, dann sind Sie geheilt.«
Der Patient kam nicht wieder. Er wurde von einem Krokodil gefressen, das unter seinem Bett lag.
Psychiater-Witze sind sehr lustig. Sie haben nur einen Fehler: Sie setzen immer voraus, daß Patient und Behandler etwas verrückt sind. In Wahrheit ist kein Mensch verrückt, wenn er Seelenprobleme hat. Nicht, wenn er sich unverstanden fühlt, wenn er Ängste hat oder sich etwas »einbildet«, was andere nicht akzeptieren. Es gibt, im Gegenteil, keinen normalen Menschen, der nicht immer mal wieder seelisch belastet ist und Gefahr läuft, deshalb an einem Organ funktionell zu erkranken.
Das einzig »Verrückte« daran ist, daß wir Deutschen (anders als die Amerikaner) dann nicht zum Psychotherapeuten gehen, sondern zum Arzt und uns Pillen gegen Verstopfung oder Nervosität oder für besseren Schlaf aufschreiben lassen. Das Grundleiden, das Seelenproblem, bleibt bestehen. Dieses Buch kann das ändern.*

* Der Autor dieses Buches, Gerhard Jäger, Bieselheider Weg 12a in 1000 Berlin 28, sendet Ihnen auf Wunsch zum Preis von je 26 Mark die Tonband-Kassetten Nervosität, Schlafstörungen, Herzneurosen, Atemnot, Verstopfung, Magenbeschwerden und Erschöpfungszustände.

2. Gesundheit kann man sich tatsächlich einreden

Bevor der Mensch krank wird, ist er eigentlich unglaublich lange gesund, wenn man bedenkt, daß er in »guten Tagen« eine ganze Menge unternimmt, um seine Gesundheit vorsätzlich oder leichtfertig zu ruinieren.

Denken Sie, lieber Leser, über diesen unverschämten Satz doch bitte einmal eine Weile nach. Sie werden sich dabei ertappen, daß auch Sie wider besseres Wissen fast täglich und mit schöner Regelmäßigkeit gegen Gesundheitsregeln verstoßen. Ich finde das übrigens »normal«, weil ich Gesundheitsfanatiker nicht besonders mag. Der Verstoß gegen Regeln der Vernunft scheint älteren Datums zu sein, jedenfalls finden sich haufenweise Anmerkungen dazu in der Bibel, im Koran, bei Konfuzius, in der Literatur der alten Griechen und Römer.

Seit ein paar Tausend Jahren wird also gepredigt, der Mensch solle sich im Essen und Trinken mäßigen, Übergewicht meiden wie die Pest, er möge sich bewegen, Sport treiben, körperlich arbeiten, sich anstrengen und zum Ausgleich reichlich schlafen, sich verinnerlichen und »glauben«.

Jedoch: Die Versuchung, zu sündigen, ist süß. Daß zur Strafe für fortgesetzte Sünden irgendwann die »Hölle« droht, wird verdrängt.

Da die moderne Medizin schreckliche Schmerzen lindern und mit raffinierten Operationen Halbtote ins Leben zurückrufen kann, sind wir heute noch leichtsinniger geworden. Viele geben sich der trügerischen Hoffnung hin, daß Spritzen und Tabletten alles und jedes und selbst das Schlimmste »heilen« können. Ärzte wissen es besser – und sprechen unter sich von zeitweiligen Besserungen und von Defektheilungen, also von Zuständen, die auf einer niedrigeren Stufe einen Rest von verbliebener Gesundheit für Wochen, Monate oder Jahre »konservieren«.

Ärzte wissen auch, daß dieser Erfolg oft nur unter Hinnahme sehr unerwünschter Nebenwirkungen erreicht werden kann, die das Leben nicht schöner machen und oft sogar verkürzen. Über diese Lage reden die Fachleute nicht viel und nicht gern mit ihren Patienten – und zwar mit Recht: Es würde auf gar keinen Fall nützlich sein, einem Infarktpatienten einzuhämmern, daß er eine um zehn Jahre verkürzte Lebenserwartung hat, oder einem Rheumatiker mit schwerem Gelenkverschleiß auszumalen, was ihm an Schmerzen und Verkrümmungen und Versteifungen noch alles blühen kann.

Der Arzt hilft also mit seinem Wissen, stellt die richtige Diagnose, verordnet die bestmögliche Medizin und redet dem Patienten noch dazu etwas ein: Er macht ihm Hoffnung, die er dringend braucht.

Sobald der Patient daran glaubt und die geweckten Hoffnungen durch Selbsteinrede und eigenen Willen verstärkt, hat er gute Aussichten, aus seinem Zustand in angemessener Form das Beste zu machen.

Die »Einredungskunst« ist also heute immer noch aktuell. Sie wird in der Medizin, in Politik und Wirtschaft jeden Tag angewendet. Sie spielt im Zusammenleben von Familien und Freunden eine Rolle und sogar in der Liebe.

Ein besonderer Zweig der Medizin hat sich damit beschäftigt, wie weit man die »Einredungskunst« nun treiben kann, um regelrechte Leidenszustände und Krankheiten zu heilen und zu bessern. Diese Leute nennen sich nun Psychiater, Psychotherapeuten, Diplompsychologen. Sie haben mehrere Methoden entwikkelt, mit denen sie helfen können. Da ist von Hypnose, Selbsthypnose, Autogenem Training die Rede. Untereinander streiten die Experten, welche Methode besser ist. Die Querelen verunsichern die Laien. Zu Unrecht: In jedem Beruf gibt es Meinungsstreit. Ohne ihn kein Fortschritt. Wer es fertigbekommt, mit Nervosität, Schlafstörungen, ständigen Erschöpfungszuständen, Depressionen oder Herzneurosen (um nur einige Beispiele zu nennen) zu einem Psychotherapeuten zu gehen, hat hervorragende Chancen auf Hilfe. Nur: Die Behandlung ist oft langwierig und teuer. Oft gibt es Probleme mit der Kostenübernahme durch die Kassen (immer vorher bei der Kasse nachfragen!). Und mancher tüchtige Manager, der einen Psychotherapeuten dringend nötig hätte, traut sich nicht hin–weil es herauskommen könnte, wo er sich behandeln läßt. Und hierzulande unterstellt man (anders als in Amerika) leider immer noch, daß der Patient des Psychotherapeuten einen »Klaps« hat.

Um die in diesem Buch dargestellte Methode erfolgreich anzuwenden, muß man Zutrauen gewinnen. Um Zutrauen zu fassen, will man wissen, wie die Sache denn nun eigentlich funktioniert.

Vergessen Sie dazu bitte zunächst einmal alles, was Sie in Zeitungen und Fernsehen, in Kriminalromanen oder von Nachbarn und Arbeitskollegen über Autogenes Training und/oder Hypnose gehört und gelesen haben. Stellen Sie bitte auch keinen Vergleich zwischen dem medizinischen Begriff der Heilhypnose und hypnotischen Vorführungen im Zirkus oder auf dem Rummelplatz an. Werfen Sie bitte über Bord, was man Ihnen von »Gehirnwäsche« erzählt hat, die sich mit hypnotischen Mitteln herbeiführen läßt.
Alles das gibt es bei psychotherapeutisch gebildeten Ärzten oder Heilpraktikern nicht. Und das vorliegende Buch gibt keine Anleitungen zu irgendwelchen »schädlichen« Hypnose-Praktiken, noch kann es dazu führen, daß der einzelne beim Autogenen Training »aus Versehen« in einen unerwünschten hypnotischen Zustand verfällt.

Sie können die Kunst der Selbsteinrede lernen

Der hypnoseähnliche Zustand beim Autogenen Training ist kein »Schlaf« und schon gar keine Bewußtlosigkeit. Sie werden, sobald Sie nach dieser Methode den ersten, leichtesten, untersten Grad der »Selbsthypnose« erlernen, alles hören und wahrnehmen, was um Sie herum vorgeht. Sie werden jede Ihrer Regungen, jede wohlige oder mißliche Empfindung, Ihren Atem, Ihre gesprochene oder »innere« Stimme wahrnehmen.
Diese Wahrnehmungen sind sehr wichtig für den Erfolg der Selbstbehandlung. Sie könnten sich auf keinen Fall selbst beeinflussen, wenn Sie geistig oder körperlich »weggetreten« wären. Verwechseln Sie die Hypnose und Autogenes Training nicht mit einer Art »Narkose« – weil Sie natürlich schon mal davon gehört haben, daß es einigen wenigen Fachleuten in der Welt gelingt, Patienten vor und während Operationen in schmerzfreien Tiefschlaf zu versetzen.
Sie versetzen sich, wenn Sie etwas geübt haben, in einen besonderen Zustand des Wachseins. Das ist, wie Sie bald merken werden, ein wunderschöner Zustand: ein Zustand der Ruhe, der angenehm und verinnerlicht ist, wie man sich am liebsten immerzu fühlen möchte. Das ist nur leider nicht möglich, weil man für diesen Zustand der Führung durch seinen eigenen Willen (oder den des Behandlers) bedarf.

Sie können niemals »aus Versehen« in Hypnose geraten, wenn Sie gerade Auto fahren oder dem Beruf nachgehen, mit dem Bankdirektor über einen Kredit reden oder abends fernsehen. Merken Sie sich zunächst: Es gibt nichts, was Ihnen etwa unkontrolliert passieren könnte – etwa unkontrolliertes Sprechen, wie bei einer ausklingenden Narkose. Sie werden beim Autogenen Training weder dem Arzt, dem Heilpraktiker noch Ihren Angehörigen im Nebenzimmer irgend etwas anvertrauen, was Sie lieber für sich behalten möchten.
Es ist ganz und gar unmöglich, etwas zu sagen oder zu tun, was man nicht will. Nach den ersten Übungen werden Sie vielmehr glauben, Sie seien gar nicht in »Hypnose« gewesen, weil Sie doch alles gehört und gesehen haben und gar nicht »weg« waren. Bei der Heilhypnose findet kein Willens-Duell, kein Kampf zwischen Behandler und Patient statt. Hypno-suggestive Beeinflußbarkeit ist kein Zeichen für Willensschwäche oder mangelnde Intelligenz – im Gegenteil: Geistesgestörte, geistig schwache Personen, Kleinkinder und Senile können überhaupt nicht heilhypnotisch behandelt werden. Autogenes Training stellt gewisse Anforderungen an die Konzentrationsfähigkeit, an das Vorstellungsvermögen, an den Willen. Dazu gehören Intelligenz und Phantasie. Nur der Intelligente kann aufgrund seiner Einsichten Sinn und Zweck der Behandlung erkennen und eine gesundheitlich erwünschte Entwicklung herbeiführen. Es geht darum, mit Bewußtsein an das Unterbewußtsein heranzukommen, Kontakt mit Organen und Funktionszentralen im Innern aufzunehmen, Funktionen zu bessern.
Die medizinische Suggestion hat keine Mittel zur Hand, den Patienten zu irgendeiner Handlung zu bewegen, die er nicht begehen will. Bewußtsein und Unterbewußtsein bleiben gesperrt für Suggestionen, die gegen den eigenen Willen sind. Selbst unterstellt, jemand hätte schon mal in seinem Leben etwas Kriminelles begangen: Er könnte im heilhypnotischen Zustand die Tat nicht ohne seinen eigenen Willen wiederholen.
Wenn die Übung aus irgendeinem Grund gestört wird – weil ein Flugzeug übers Haus donnert, das Telefon klingelt, oder weil der Übende den Übungsfaden verliert – , kann nur zweierlei passieren:

- der Mensch gleitet zurück ins normale Wachsein. Er möge dann möglichst noch von eins bis fünf zählen, wie auf Seite 45 beschrieben, und dann seinen üblichen Tageslauf wieder aufnehmen;
- der Mensch schläft ein und wird meist schon nach ein paar Minuten wieder wach. Es handelt sich um einen ganz normalen

Schlaf. Nach dem Aufwachen kann man ohne weiteres aufstehen und den üblichen Tageslauf wieder aufnehmen.
In keinem der beiden möglichen Fälle entsteht irgendein Schaden für die Gesundheit. Allenfalls war vielleicht diese eine, bis zur Störung durchgeführte Übung für die Katz.

Kein Verbot für Gläubige

Die meisten Menschen gehören irgendeiner Glaubensgemeinschaft an. Es gibt Religionsgruppen, die ihren Gläubigen z. B. Blutübertragungen und Spritzen untersagen. Deshalb mag die Feststellung wichtig sein, daß es keine Glaubensrichtung gibt, die die »Selbsteinrede«, die Verinnerlichung zum Zwecke der Austreibung von Krankheiten verbietet. Im Gegenteil: Die Austreibung »böser Geister« und Krankheiten spielt in dieser oder jener Form (vom Woodoo-Kult bis zum Exorzismus) bei fast allen Religionen eine Rolle. Die christliche Fürbitte um Gesundheit ist nichts anderes als Verinnerlichung mit dem Ziel, durch Vertrauen auf Gott die Lebensgeister zu mobilisieren und Schmerzen in Würde zu ertragen. Wohl dem, der diesen Glauben bewahrt.
Werdende Mütter können getrost vorhandene Beschwerden mit der autogenen Methode behandeln. Eine Gefahr für das Wohl des werdenden Kindes besteht nicht. Es gibt sogar Vorbereitungen für eine schmerzarme Geburt mit Hilfe von Autogenem Training oder Hypnose. Sie werden in diesem Buch sehr empfohlen, jedoch nicht beschrieben. Hypno-suggestive Entbindungsübungen haben nur einen Sinn, wenn die Schwangere während der Geburt vom geburtshelfenden Personal auch fachkundlich geführt wird. Entsprechende Adressen erfahren werdende Mütter bei Mütterberatungsstellen oder in Großkliniken, leider nicht überall, und es gibt keine zentrale Adressenauskunft für diese sehr hilfreiche Methode.

Kritische Einstellung schadet nichts

In den nächsten Kapiteln findet der Leser Texte für die autogene Heilbehandlung verschiedener Leidensbereiche. Die Sätze klingen sehr einfach, manchmal banal. Man kann sie erlernen oder von seinem Partner vorsprechen lassen oder von einem gekauften

Tonband abspielen oder sogar selbst auf ein Tonband sprechen. Störende Worte oder Sätze kann man durch eigene Worte ersetzen, wie einem der Schnabel gewachsen ist. Warum und wieso das sogar sinnvoll ist, wird im nächsten Kapitel erklärt.
Grundsätzlich hat es aber überhaupt keinen Nutzen, den »Sinngehalt« der Formeln, Suggestivsätze oder des »Abrakadabra« in Frage zu stellen. Nehmen Sie nicht geistig Stellung zu dem Gesagten. Denken Sie nicht etwa: »Das ist doch alles Blödsinn«, »Wie kann denn so etwas helfen?« oder ähnliches. Hören Sie einfach auf Ihre Stimme (oder die des Behandlers), lassen Sie sich berieseln, konzentrieren Sie sich auf den Kontakt mit Ihrem Innenleben. Wissenschaftler der ganzen modernen Welt zwischen Amerika, Europa und Rußland haben sich wirklich sehr erfolgreich die Köpfe zerbrochen, was dem Sinne nach die wirksamsten Formeln sind – und bei denen belassen Sie es getrost. Sie wollen ja kein Psychotherapeut werden, sondern »nur« Ihre Beschwerden loswerden.
Und das schaffen Sie mit der Methode, wenn Sie sie kennen und sich nicht dagegen sperren.
Versuchen Sie nicht, alles »besonders gut« machen zu wollen oder Ihre »Leistung« jedesmal steigern zu müssen, wie uns das in Schule und Beruf so andressiert wurde. Bleiben Sie geistig getrost etwas passiv, auch dann, wenn Sie mit dem Ergebnis der ersten Übungen noch gar nicht zufrieden sind. Erwarten Sie auf keinen Fall das Wunder, daß etwa alle Probleme schon nach ein paar Sitzungen platzen wie die Seifenblasen.
Nehmen Sie die Position eines gelassenen Beobachters ein, ohne konsequente Ablehnung, ohne überzogene Erwartungen. Sie suchen sich nur Ihrer Stimme anzuschließen. Daß Sie ein Mensch mit einer vernünftigen Kritikfähigkeit sind, der sich der Spritze, der Pille, der Inflation, der Politik gegenüber genauso eigenständig verhält wie gegenüber dem Autogenen Training, schadet der erfolgversprechenden »Kur« überhaupt nichts. Wenn Sie einige Wochen lang jeden Tag üben, wie das in den folgenden Kapiteln beschrieben wird, dann werden Sie sehen, daß sich Erfolge mit Ihrer eigenen Willenskraft erreichen lassen.

Wunder dauern etwas länger

Sie haben sicher schon von sogenannten Schnell-Hypnotiseuren gehört, die bei einer einzigen Sitzung oder sogar am Telefon binnen einer halben Stunde dem Patienten das Rauchen oder das

Trinken abgewöhnt oder ihm Schmerzen abgenommen haben. Ist das Schwindel? Meistens ja.
Aber es gibt auch Hypnotiseure mit einer besonders starken Einredekraft. Diese Leute können bei bestimmten Patienten mit einigen Formeln, die sie vieltausendmal erprobt haben, momentan ein positives Resultat herbeiführen. Aber leider ist das nur ein kurzer Erfolg. In die Tiefen des Unterbewußtseins kommt der Behandler auf diese Weise nicht. »Wunder« dauern eben etwas länger. Das für solche Behandlung ausgegebene Geld ist meist zum Fenster hinausgeworfen.
Der Grund liegt eigentlich auf der Hand:
Beschwerden aller Art entstehen (wenn man von Infektionen absieht, die mit psychotherapeutischen Methoden sowieso nicht geheilt werden können) aufgrund langfristiger Fehlentwicklungen: Berufsstreß, Fehlhaltungen, Fehlernährung, Schlaf- und Bewegungsmangel, familiäre und finanzielle Sorgen, Alkohol- und Nikotingenuß in allzu reichem Maße. Jedem Laien leuchtet es ein, daß festgesetzte Beschwerden nicht wie die Seele aus dem Leibe fahren können, wenn man nur ein paar Formeln anhört.
Ein typisches Beispiel dafür: Frau Martha K. aus Berlin ist 1,64 m groß, 43 Jahre alt und hat seit zwanzig Jahren immer weiter zunehmendes Übergewicht. Zur Zeit bringt sie 84 Kilo auf die Waage. Ihre Knochen und Gelenke sind für ein der Größe entsprechendes Gewicht von höchstens 60 Kilo eingerichtet. Ihr Übergewicht beträgt also 40 Prozent.
Bitte sehr, nun vergleichen wir den Menschen mal mit einem Auto. Was Knochen und Gelenke betrifft, ist das nicht so abwegig. Wenn ein Auto statt mit zugelassenen 450 Kilogramm ständig mit 630 Kilo fährt, gehen Achsschenkel, Stoßdämpfer und Gelenke schnell kaputt.
Natürlich hat Frau K. Schmerzen in den Knien. Spritzen können die Schmerzen lindern, Tabletten und Autogenes Training auch. Aber jeder kurzzeitigen »Hilfe« folgt der nächste Schmerzanfall auf dem Fuße -solange sie nicht autogene Übungen gegen das Grundübel beginnt: Gegen die Nervosität, die sie jeden Abend befällt, wenn sie nicht ständig nascht und Likörchen schleckert. Sie muß abspecken.
Oft kommt es für die erfolgreiche Behandlung darauf an, daß man sich selbst erst einmal über das Grundübel klarwird. Es hat wenig Sinn, nur immer weiter die leidigen Symptome zu behandeln, wenn man das Grundübel weiter hinnimmt.
Auch dafür ein Beispiel: Franz Z. ist Abteilungsleiter und hat Magenschmerzen. Er schluckt seit Monaten Pillen. Er schluckt aber seit noch viel längerer Zeit einen Haufen Ärger im Büro, der

ihn krank macht. Wenn er den Zwist mit seinem Vorgesetzten nicht ausräumen kann, muß er in den sauren Apfel beißen und die Stellung wechseln. Und sei es um den Preis, weniger zu verdienen. Oder er ist mit 50 reif für den Operationstisch.
Es sei denn: Es gelingt ihm, mit Autogenem Training einen Zustand zu erreichen, in dem er sich über seinen Chef nicht mehr nachhaltig ärgert und durch geänderte Verhaltensformen den Chef auch nicht mehr in Rage bringt. Das wäre doch toll! Und das geht tatsächlich! Er wird also nicht die Übung »Magenbeschwerden« (Kapitel 9) einstudieren, sondern die Übung »Nervosität« (Kapitel 4).
Geben Sie sich bitte nicht immer gleich damit zufrieden, die vordergründigen Beschwerden zu beeinflussen; sondern erforschen Sie sich selbst und mit Hilfe Ihres Lebensgefährten oder/und Ihrer Freunde, was die Hintergründe, die Grundübel Ihres Leidens sein könnten.

Die richtige Stimmung für die tägliche Übung

Es gibt Tageszeiten, in denen der Mensch besonders erfolgreich auf sein Innenleben einwirken kann. Das ist immer dann der Fall, wenn die körperlichen Hochleistungszeiten abklingen und bevor die körperliche und geistige Müdigkeit einsetzt. Einfach gesagt: so zwischen 11 und 14 Uhr mittags und dann wieder von 16 bis 19 Uhr. Auch morgens nach dem Aufstehen und abends vor dem Einschlafen ist das Unbewußte sehr aufnahmefähig.
Da die meisten Menschen berufstätig sind, ist ein Zeitpunkt um den Feierabend wohl der einzig realistische.
Wenn man nach Hause kommt, hat es wenig Sinn, sich gleich auf die Couch oder ins Bett zu stürzen und die Übung zu beginnen. Besser ist es, wenn man erst einmal eine halbe Stunde »abschlaffen« kann. Wie man das machen will, bleibt (weitgehend) dem eigenen Geschmack überlassen: im Sessel ruhen, Beine ausstrekken, alle drückenden Knöpfe und Verschlüsse öffnen. Es ist möglich, leise Musik zu hören, ein Fußbad oder Armbad zu nehmen, 1 Minute lang bis zu den Waden im kalten Wasser der Badewanne zu stapfen (Kneippsches Wassertreten), ein Glas Saft oder Mineralwasser zu trinken.
Was Sie möglichst lassen sollten: »Spannendes« Fernsehen anzuschauen, laute Musik zu hören, Streitgespräche zu führen. Ver-

einfacht könnte man sagen: Alles, was »abregt«, ist gut. Alles, was »aufregt« oder »anregt«, ist schlecht.
Um in eine für das Autogene Training besonders günstige Stimmung zu kommen, rate ich Ihnen, sich einige Minuten vor der Übung auf die Couch oder das Bett zu legen, alles Drückende zu öffnen – damit Sie sich ganz wunderbar leicht fühlen. Der Versuch, unangenehme, nervös machende Gedanken zu verscheuchen und Einkehr ins Innere zu halten, fällt manchen Leuten am Anfang gar nicht so leicht. Um diesen Zustand zu erreichen, gibt es ein sehr einfaches Hilfsmittel, das Sie sich selbst herstellen können: Nehmen Sie ein Tonband und ein Bandgerät und wandern Sie gleich am nächsten Wochenende hinaus in die Natur, wo ein kleiner Bach fließt oder die sanften Wellen eines Sees ans Ufer plätschern. Stellen Sie Ihr Gerät in die Nähe und nehmen Sie dieses Plätschern auf beiden Bandseiten auf (damit Sie nicht erst zurückspulen müssen).
Es kommt nicht darauf an, daß Sie ein gewaltiges Rauschen (wie zum Beispiel von Meereswogen) vernehmen. Im Gegenteil: Das Plätschern soll so leise sein, daß Sie es kaum wahrnehmen, daß es nur wenig mehr ist als ein fernes atmosphärisches Rauschen. Dröhnende Geräusche von Autos oder Flugzeugen, Zwischenrufe von Leuten stören dieses »Beruhigungsband«. Leises Vogelzwitschern schadet hingegen gar nichts. Von diesem Band können Sie sich vor der täglichen Übung jeweils fünf bis zehn Minuten lang ganz leise »einspielen«.
Sie werden vielleicht fragen, warum wir Ihnen ein solches Band nicht auf Bestellung zuschicken wollen, wie die einzelnen Übungsbänder auch. Offene Antwort: Sie werden die eigentlichen Übungen um so überzeugter betreiben, wenn Sie zuvor für die Vorbereitung selbst aktiv etwas tun – und wenn Sie merken, daß Ihr eigenes Produkt (das Plätscherband) schon eine gewisse suggestive, beruhigende Wirkung hat. Sie wollen sich doch schließlich selbst beweisen, daß Ihr Autogenes Training erfolgreich verlaufen wird.
Die Übung folgt mit ihren ersten Formeln im wesentlichen den Einreden, die auch beim klassischen »Autogenen Training« benutzt werden. Trotzdem ist die Art, wie Sie nach diesem Buch üben, kein »reines« Autogenes Training, sondern eine für den Selbstgebrauch besonders geeignete Mischung von Autogenem Training und leichter Medizin-Hypnose, die wir der Einfachheit halber Autogenes Training nennen wollen. Das trifft die Sache ziemlich genau. Schon das Wort zeigt Ihnen, daß Sie dabei tatsächlich etwas unternehmen, allein oder mit Partner. Sie sind ein Unternehmer in Sachen Gesundheit – und kein Unterlasser.

● Am Anfang der Übung wird das Gefühl der Schwere vermittelt. Sie werden erleben, daß Sie tatsächlich sehr schnell, vielleicht sogar schon beim ersten Mal, an einigen Körperstellen Schwere empfinden können. Das ist keine Einbildung. Sie werden sich tatsächlich der Schwere, des Gewichts der betreffenden Körperstellen bewußt. Das Körpergefühl wird für die Zwiesprache mit dem Innenleben dringend gebraucht.

● Danach wird das Gefühl der Wärme geweckt, die ja tatsächlich auch in jedem warmblütigen Lebewesen steckt. Das Bewußtsein der Wärme und der Schwere zusammengenommen erweitert Gefäße, entspannt Muskeln und läßt Nerven abschlaffen. Manche Leute brauchen bis zu einem halben Dutzend Übungen, bis sie sich der Wärme auch tatsächlich bewußt werden, während es bei der Schwere fast auf Anhieb klappt. Das macht nichts.

● Gemeinsam mit Schwere und Wärme wird immer wieder das Gefühl der Ruhe vermittelt. Dieses Reizwort »Ruhe« spricht insbesondere die Nerven, das bewußte und das unbewußte Nervensystem, an. Wir brauchen ja, wie wir immer wieder betonen werden, bekanntlich Verstand und Gefühl, Willen und Seele, um unser Inneres dauerhaft auf einen erwünschten Zustand einzustimmen.

● Erst wenn diese »Grundübung« (Kapitel 3) ganz nach Ihren Wünschen abläuft, gehen Sie mit einer angehängten »Zusatzübung« Ihren ganz persönlichen Beschwerden nach. Darin sprechen Sie dann direkt das Organ an, das nicht zufriedenstellend funktioniert. Wie Sie diese Übungen erfolgreich aneinanderfügen, zeigen wir Ihnen haargenau an der entsprechenden Stelle des Buches. Jetzt, im Augenblick, brauchen Sie sich damit noch nicht zu belasten.

Die Übungen sind sehr einfach. Sie wollen und können sie erfolgreich anwenden. Sie stehen unter keinem Leistungs- oder Erfolgszwang. Das alles stellt sich, Schritt für Schritt, ganz von selbst ein. Jeder einzelne Schritt ist ein Schritt in die richtige Richtung, ist angenehm, frei von unerwünschten Nebenwirkungen, macht nicht süchtig oder abhängig. Auch die unvollkommene oder die noch nicht voll mit-empfundene Übung dient bereits der Gesundheit.

Vor dem täglichen Autogenen Training nehmen Sie keine Medikamente ein, rauchen keine Zigarette und trinken keinen Alkohol. Sie essen auch keine stärkere Mahlzeit. Ein Glas Mineralwasser, ein kleines Stück Obst, ein winziger Imbiß sind selbstverständlich völlig in Ordnung, wenn sie das Wohlbefinden fördern. Unterlassen Sie jetzt alles, was die Harmonie zusätzlich stört.

3. Diese Übung ist für alle gut, die das Buch lesen

Vier-Wochen-Training für mehr innere Ausgeglichenheit

Wer ständig in sich hineinhorcht, kann alsbald feststellen, daß irgendwo in seinem Körper »etwas nicht stimmt«. Es gibt Leute, die das auch wirklich tun. In der Sprache der Ärzte heißen sie Hypochonder, einfach gesagt »eingebildete Kranke«.

Die Selbstbeobachtung des Laien am eigenen Körper so eilfertig abzukanzeln, halte ich für sachlich falsch, unwissenschaftlich und in den Folgen womöglich sogar für gefährlich. Es gibt Berge von Büchern, die über die großartige Selbstbeobachtungsgabe früherer Generationen von den Urmenschen bis zu unseren Großmüttern berichten. Anscheinend ist modernen Leuten diese Gabe teilweise verlorengegangen, weil wir blindlings der Wissenschaft vertrauen. Sie will weismachen, daß sie bei jeder auftretenden Krankheit alsbald feststellen kann, worum es sich handelt, und wie man die Beschwernisse schnell wieder loswird.

Viele Mediziner sind unglücklich darüber, daß Zeitungen, Zeitschriften und allgemeinverständlich geschriebene Bücher den »wissenden« Patienten schaffen, der dem Doktor nicht mehr blindlings folgt, der selbst Mutmaßungen über sein Leiden anstellt und manchmal sogar eine ganz bestimmte Pillensorte verlangt. Anderseits müssen die Heilkundigen zugeben, daß von vermuteten 10000 Krankheiten, die den Menschen befallen können, lumpige 2500 halbwegs bekannt, beschrieben und diagnostizierbar sind, und daß nur jede vierte davon wirklich geheilt oder dauerhaft gebessert werden kann. Immerhin scheint es, daß dies die häufigsten Krankheiten sind.

Von Zeit zu Zeit den eigenen Körper zu beobachten, eine Inspektion, einen »TÜV« an sich selbst durchzuführen, ist also durchaus gerechtfertigt. Schließlich trägt jeder seinen eigenen Körper, seine Organe, seine Nerven, sein Denksystem selbst zu Markte. Auf jedem lastet die eigene Sorge um Gesundheit. Kein »Mit«-Gefühl kann so stark sein wie das »Selbst«-Gefühl.

Sie sind nicht richtig krank. Aber sind Sie »richtig« gesund?

Über regelrechte Krankheiten und Leidenszustände, wie Nervosität, Schlafstörungen, Erschöpfungszustände, Verstopfung, Magen- und Darmbeschwerden, Atemnot und Herzbeschwerden aller Art wird in den nächsten Kapiteln dieses Buches ausführlich berichtet. Sie werden erfahren, wie Sie diese Übel richtig erkennen, wann Sie auf jeden Fall zum Doktor gehen müssen, was Sie ohne Risiko selbst behandeln können – und vor allem, wie Sie mit Autogenem Training, mit intensiven Selbstgesprächen zwischen Ihrem Geist (Willen, Gehirn, Kopf), Ihrer Seele (dem Unbewußten) und Ihrem Körper (der nervlichen, organischen und mechanischen Apparatur) die Krankheiten womöglich überwinden können.

Diese Fähigkeit kann fast jeder erwerben, wie Sie schon wissen.

Das Erlernen des Selbstgesprächs zwischen Geist, Seele und Körper ist in zwei Etappen möglich. Die erste Etappe schildert dieses Kapitel. Sie ist die Grundlage für alle weiteren Übungen. Man kann sie alsbald spielend leicht beherrschen und zu seinem Nutzen anwenden. Die späteren Übungen führen zum Erfolg, wenn Ihnen diese erste Übung in Fleisch und Blut übergegangen ist. Das passiert ganz automatisch, wenn Sie sich jeden Tag irgendwann einmal ein paar Minuten lang dem hier vorgeschlagenen »inneren Selbstgespräch« hingeben. Das wird für Sie nicht lästig sein. Denn die Übung (wie alle späteren Übungen auch) ist angenehm.

Die Grund-Übung nutzt jedem – ob er nun irgendein richtiges Leiden hat – oder auch nicht. Die Übung nutzt also auch dem gesunden Menschen.

Was ist denn das überhaupt – »Gesundheit«? Ist es das Fehlen einer handfesten Krankheit? Gesundheit ist viel mehr: Es ist ein geistiger, seelischer und körperlicher Zustand absoluten Wohlbefindens, bei dem man das Bedürfnis hat, »Bäume auszureißen«

und die »Welt zu umarmen«. Goethe schrieb es so: »Mir ist ganz kannibalisch wohl – als wie fünfhundert Sauen!«

Nun horchen Sie einmal ganz ruhig in sich hinein. Vergessen Sie alles andere. Schalten Sie das Fernsehen ab, hören Sie kein Radio. Setzen oder legen Sie sich gemütlich auf ein bequemes Möbel. Schließen Sie die Augen. Sie sind sich selbst der Nächste.
Rufen Sie – von unten nach oben – in aller Seelenruhe einen wichtigen Körperteil nach dem anderen auf. Fragen Sie sich, sobald Sie den Körperteil, an den Sie ganz intensiv denken, auch richtig in Ihrem Bewußtsein spüren: »Ist der in einem befriedigenden Zustand?«

Sie werden zu dem Ergebnis kommen: Zwischen einer »richtigen« Krankheit und »richtiger« Gesundheit gibt es noch etwas.
Das ist ein Zustand, in dem man sich nicht »ganz« wohl fühlt. Dieser Zustand drückt sich bei jedem anders aus. Man kann deprimiert, kaputt, ewig müde, appetitlos, lustlos, gereizt, nervös oder auch aggressiv sein.

Mancher Mensch schläft schlecht ein, wird nachts wach und ist morgens unausgeschlafen. Andere fühlen sich, als hätten sie »Blei in den Knochen«. Oder sie sind rast- und ruhelos. Manche ärgern sich über Aufstoßen, Völlegefühl, unregelmäßigen Stuhlgang, haben häufig Kopfweh, oder ihnen fällt das Denken schwer. Es gibt Leute, die fangen sich immerzu Erkältungen, Grippe oder Angina ein.

Ärzte können mit diesen »halbkranken« Zuständen wenig anfangen. Auch dafür haben sie einen Fachausdruck: Sie nennen das alles »prämorbide Zustände« – gemeint sind Umstände, die womöglich das Vorstadium einer sich entwickelnden Krankheit kennzeichnen – womöglich aber auch nicht. Denn oft klingen auch die miserablen Gefühle ganz von selbst wieder ab.

Wo sind Ihre Schwachstellen? Eine Bestandsaufnahme

Mit allen diesen geschilderten unbefriedigenden Zuständen brauchen Sie sich nicht abzufinden.
Sie liegen oder sitzen jetzt also ganz bequem und fragen Ihren ganzen Körper ab, wie wohl er sich fühlt. Lassen Sie sich Zeit dabei. Wie gesagt: Fangen Sie unten an.

»Meine Füße – sind wir miteinander zufrieden?« Schmerzen sie beim Laufen oder Stehen? Drücken Hühneraugen, Hornhaut? Leiden sie unter Fußpilz oder Schweiß? Tun Sie genug zugunsten Ihrer Füße? Sollten Sie vielleicht öfter laufen, barfuß gehen, Fußbäder machen? Sie denken eine Minute lang nur an Ihre Füße. So intensiv wie möglich. Damit Sie ein richtiges »Fuß-Gefühl« bekommen.

»Meine Waden und Knie – ist alles in Ordnung?« Gibt es da etwa Gelenk- oder Muskelschmerzen? Sie denken jetzt eine ganze Minute an nichts anderes als an diesen Teil des Körpers.

Die Schenkel und das Hüftgelenk – gibt es da Probleme?

So fragen Sie einen Teil nach dem anderen ab. Am Schluß jeder intensiven »Befragung« bestätigen Sie sich, daß der betreffende Teil in Ordnung ist. Oder Sie merken sich: Wir müssen noch einmal aufeinander zurückkommen. Damit Sie keinen wichtigen Teil vergessen, wollen wir alle aufzählen, auf die es wesentlich ankommt: Nach den Schenkeln geht es so weiter:

Sind meine Geschlechtsorgane in Ordnung? Mein Bauch – mein Darm – macht er Beschwerden?

Rufen Sie jedes Organ einzeln auf: Nieren, Leber, Magen.

Atme ich eigentlich richtig? Oder viel zu flach und zu langsam? Muß ich dauernd hüsteln?

Jetzt denken Sie an Ihr Herz. Arbeitet es so fehlerfrei, daß Sie es niemals spüren? Oder jagt und stolpert es manchmal? Hat es Ihnen schon mal Angst gemacht?

Sie rufen Ihre Wirbelsäule auf: Gibt es Rückenschmerzen in der Lendengegend oder im Nacken? Macht Ihnen vielleicht der ganze Schultergürtel Beschwerden?

Eine Minute für Arme und Hände: Schlapp? Schmerzen? Kribbeln? Einschlafende Finger?

Vergessen Sie die Zähne nicht. Was fällt Ihnen dabei ein? Zahnarzt? Zähneknirschen beim Einschlafen? Schmerzen? Blutet das Zahnfleisch beim Zähneputzen? Meiden Sie bißfeste Nahrung?

Zuletzt das Gehirn: Alles O.K.? Oder haben Sie oft Kopfweh, sind Sie vergeßlich, denkfaul? Wird Ihnen schwindlig? Spüren Sie Leere oder Druck im Kopf?

Natürlich merken Sie sich die Schwachstellen im Körper ganz leicht. Die eine oder andere kennen Sie ja ohnehin. Sie kommen sicherlich auf zwei oder drei Körperteile, mit deren Funktion Sie nicht ganz einverstanden sind. Das geht fast jedem so. Deshalb sind Sie noch lange kein »eingebildeter Kranker«. Niemand ist perfekt.

Sie werden natürlich in Zukunft nicht andauernd an Ihre eigene

»Unvollkommenheit« und das Elend der Welt denken. Sie können – mit Hilfe dieses Buches – im Gegenteil sagen: »So. Und das – mein Herz, mein Kopf, mein Knie, wird jetzt anders. Wir gehen jetzt miteinander in einen Kursus. Ich tue etwas für euch, was ich bisher nicht konnte. Und ihr seid bitte so nett und macht mir nicht länger Sorgen. Ich weiß, wir können gemeinsam die Leistung verbessern. Es wird uns Spaß machen.«

Vorbereitungen auf die erste Übung

Nach der Bestandsaufnahme bereiten Sie sich auf die erste Übung vor. Sie wissen schon eine ganze Menge:
Zum Beispiel, daß 80 Prozent aller Menschen in der Lage sind, mit ihrem Verstand und mit ihrem Willen Kontakt mit der (unbewußten) Seele und den verschiedenen Organen und Körperteilen (die man spüren kann) aufzunehmen. Daß Ihr Wille sich stark genug durchsetzen kann, um Beschwerden zu überwinden. Daß diese Methode nichts mit Hexerei zu tun hat, nichts mit Zirkushypnose. Daß Sie in keinen unkontrollierten Zustand verfallen können, bei dem Sie etwa anfangen zu »spinnen« oder bei dem Ihnen etwas zustoßen kann. Sie wissen, daß Ihr Kursus, den Sie mit sich selbst nun bald beginnen werden, durch Übung zum Erfolg führen und keine »Wunder« bewirken wird.
Sie haben Vertrauen. Und zwar zu sich selbst. Sie wollen.
Um auch zu können, wie man will, braucht der Mensch die geeignete Umgebung. Sie bauen sich also jetzt ein »Nest«, in dem Sie Ihre Übungen künftig machen wollen. Suchen Sie sich in der Wohnung irgendeinen stillen Platz, an dem Sie zur Zeit Ihrer künftigen Übungen allein sein können. Der Platz sollte Ihnen gefallen, angenehm sein. Vielleicht legen Sie sich gern aufs Bett oder auf die Couch. Sie brauchen sich für die Übungen nicht auszuziehen und nicht mit dem Deckbett zuzudecken. Decken Sie sich nur mit einer hübschen, kuscheligen Wolldecke ganz locker ein. Es ist egal, ob Sie lieber flach liegen oder ein Kissen unter den Kopf schieben wollen.
Während Ihres täglichen Autogenen Trainings lassen Sie sich von draußen nicht stören. Das Fenster halten Sie geschlossen wegen des möglichen Lärms. Abzudunkeln ist das Zimmer nicht. Am besten wäre es, wenn halbwegs helles Tages- oder Lampenlicht von hinten über Ihren Kopf hinweg auf das Lager fallen würde.

Nicht um eines »Hokuspokus« willen, sondern weil Sie das für den Übungsbeginn brauchen. Das werden Sie gleich sehen. Ihr so gewähltes »Nest« sollte bei jeder Übung das gleiche sein.
Sie sind bereit, das Autogene Training mindestens einen Monat lang an jedem Tag durchzuführen – möglichst immer um die gleiche Zeit. Sie wissen, daß der Erfolg sich durch Regelmäßigkeit einstellt. Sie erwarten keine »phantastischen« Wirkungen oder Erlebnisse von »wie weggeblasenen Beschwerden«, schon gar nicht während der ersten Tage. Jede tägliche Übung dauert nur etwa eine Viertelstunde. Diese wenigen Minuten wollen Sie sich gönnen, sie genießen, um mit Ihrem Innern zu besserer Übereinstimmung zu gelangen.
Wenn Sie ein »richtiges« Leiden haben, also zum Beispiel unter schwerer Nervosität, Schlafstörungen, Erschöpfung, Verstopfung, Magenbeschwerden, Atemnot oder Herzbeschwerden leiden, dann dienen Ihnen die ersten vier Wochen mit der folgenden ersten Übung als Vorstufe zur Behandlung des eigentlichen Übels. Wenn Sie diese Methode beherrschen, haben Sie mit der Anwendung der späteren, speziellen Übungen Erfolg.
Sie kennen die Möglichkeiten des Autogenen Trainings. Sie wollen sie anwenden. Sie haben Bestandsaufnahme gemacht und kennen, jedenfalls ungefähr, die Schwachstellen in Ihrem Körper. Sie bilden sich nichts ein und machen kleine Wehwehchen nicht schlimmer, als sie sind. Aber Sie möchten auch diese kleinen Beschwerden beheben.
Ansonsten denken Sie beileibe nicht den ganzen Tag an »Krankheit«. Für Ihre künftigen Dialoge mit dem Innenleben haben Sie sich ein »Nest« gebaut, das Ihnen gefällt. Es macht Ihnen Spaß, sich täglich eine Viertelstunde zu sich selbst zurückzuziehen, ganz und gar »Ich« zu sein.
Sie sind bereit.

Die erste Übung für alle

Sie nehmen dieses Buch und legen sich in Ihr »Nest«, das Sie selbst ausgesucht und hergerichtet haben. Sie decken sich locker mit der angenehmen Decke zu. Sie öffnen alle Knöpfe, die womöglich drücken. Alles um Sie herum ist jetzt weich und locker. Nichts drückt Sie.
Von jetzt an schlüpft der Autor in Ihre Rolle, lieber Leser. Er spricht ungefähr Ihre Worte, die Sie sagen werden. Die Worte sind sehr wichtig. Sie können die gleichen Worte nehmen. Wenn Ihnen aber der Schnabel nach einem einzelnen Wort nicht ge-

wachsen ist, wenn ein Wort stört oder mißfällt – Sie würden das bemerken –, dann tauschen Sie das Wort gegen ein anderes aus, das Ihnen besser gefällt.

Sie denken oder sprechen jetzt ganz, ganz langsam:

Ich nehme das Buch zur Hand und betrachte die Rückseite des Umschlags. Ich halte die Rückseite, wie beim Lesen, vor meine Augen. Ich sehe jetzt ganz stark und fest auf den schwarzen Punkt im roten Feld. Ich sehe ganz intensiv auf den schwarzen Punkt im roten Feld. Auf den schwarzen Punkt im roten Feld. Nur auf den schwarzen Punkt im roten Feld (ständig wiederholen, langsam, mit Pausen).

Ich sehe jetzt, wie sich um die rote Farbfläche herum ein kleiner hellgrüner Farbstreifen wahrnehmen läßt. Ein hellgrüner Farbsaum. Das zeigt mir, daß sich ein wunderbarer leichter hypnotischer Zustand allmählich einstellt. Ich sehe immer auf den schwarzen Punkt im roten Feld. Ganz stark und fest auf den schwarzen Punkt im roten Feld. Ich erkenne einen hellgrünen, wunderschönen Farbsaum um das rote Feld. Als würde er leuchten.

Ich sehe auf den schwarzen Punkt im roten Feld.

Und jetzt sehe ich ganz schnell auf den schwarzen Punkt im weißen Feld herunter. Ganz intensiv sehe ich jetzt auf den schwarzen Punkt im weißen Feld. Ich sehe rundherum um diesen schwarzen Punkt eine hellgrüne Fläche. So, als wäre ein Buntpapier aufgeklebt. Diese Farbfläche zeigt mir, daß ich jetzt ganz eng mit meinem Innern verbunden bin. Ich schaue immer weiter auf den schwarzen Punkt im grünen Feld. Und ich sehe rundherum die moosgrüne Fläche. Wenn die moosgrüne Fläche allmählich wieder schwächer wird, blicke ich zurück auf den schwarzen Punkt im roten Feld. Ich sehe wieder ganz intensiv auf den schwarzen Punkt im roten Feld.

Und nun werden meine Augen müde. Meine Augen werden müde. Sie werden müder und müder. Immer müder, so daß ich meine Augen schließen möchte. Ich möchte meine Augen jetzt schließen. Ich lasse meine Augen einfach zufallen. Meine Augen zufallen. Meine Augen sind jetzt zu. Ganz leicht zu. Und ich lasse meine Arme mit dem Buch auf die Couch sinken. Meine Augen sind ganz leicht zu, sobald meine Augen es so wollen.

Ich leiste keinen Widerstand und schließe die Augen. Ich halte die Augen geschlossen. Leicht und geschlossen. Ich empfinde ein Gefühl der angenehmen Müdigkeit. Die Augen sind müde und leicht geschlossen. Ich genieße den angenehmen Zustand der

Müdigkeit mit geschlossenen Augen. Dieser Zustand ist schön. Ich gleite jetzt – wie ein Segelflieger, der durch die Lüfte schwebt – allmählich immer tiefer und tiefer dem Tal entgegen. Ruhig und sicher. Ich gleite, mit geschlossenen Augen, ruhig und sicher, in einen angenehmen Zustand. Wie ein Segelflieger, der lautlos durch die Lüfte dem sicheren Tal entgegengleitet.
Ich höre nur noch auf meine eigene Stimme. Ich höre nur noch auf das, was mir meine Stimme sagt.
Meine Augen sind müde und geschlossen. Ich bin ganz ruhig. Ganz ruhig. Es ist angenehm ruhig um mich. Es ist ruhig in mir. Ich spüre nun, wie mein Kopf müde und schwer wird. Mein Kopf wird schwer und müde. Ich spüre es ganz genau, wie mein Kopf schwer und müde wird. Ich empfinde einen leichten Windhauch um die Stirn. Es ist angenehm, wie mein Kopf und meine Augen schwer und müde werden. Alles ist sehr ruhig um mich. Meine Augen, mein Kopf sind schwer und müde. Mein Kopf wird immer schwerer und müder. Ich genieße die Schwere.
Die Schwere und die Müdigkeit. Und jedes meiner Worte dringt immer tiefer in mein Inneres. Immer tiefer und tiefer. Ich bin ganz in mir. Immer tiefer gleite ich in diesen angenehmen ruhigen Zustand. Meine Augen, mein Kopf sind schwer und müde. Ich bin ganz ruhig. Ganz entspannt. Mein Kopf ist schwer und müde. Es ist angenehm, so ruhig und schwer zu sein.
Nichts kann mich mehr stören. Gar nichts stört mich. Ich höre nur auf meine Stimme und bin ruhig, müde und schwer. Nichts stört mich. Meine innere Stimme ist stark. Kein Gedanke, kein Geräusch kann mich mehr stören. Ich höre nur noch auf meine Stimme. Gut. Sehr gut. Aah.
So wie mein Kopf schwer geworden ist, so wird nun auch mein rechter Arm allmählich schwer und müde. Ich denke jetzt an meinen rechten Arm. Der rechte Arm wird jetzt schwer und müde. Mein rechter Arm wird immer schwerer. Und müde. Schwer und müde. Mein rechter Arm liegt auf der Couch und ist schwer und müde. Ich spüre, wie mein rechter Arm schwer wird. Immer schwerer. Ganz schwer und müde (ständig wiederholen, langsam, mit Pausen).
So müde wird nun auch mein linker Arm. Schwer und müde. Ich möchte jetzt, daß auch mein linker Arm schwer und müde wird. Mein linker Arm wird schwer und müde. So müde wie mein rechter Arm. Ich spüre, wie schwer und müde mein linker Arm wird. Beide Arme sind jetzt schwer und müde. Sie liegen schwer und müde auf der Couch.
Nun möchte ich, daß auch mein rechtes Bein von dieser Schwere erfaßt wird. Mein rechtes Bein wird jetzt schwer und müde.

Schwer und müde. Es beginnt am Schenkel. Die Schwere und Müdigkeit zieht ganz langsam vom Schenkel nach unten. Mein rechtes Bein wird schwer und müde. Wie die Arme. Jetzt ist auch mein rechtes Bein ganz schwer. Schwer und müde. Es ist angenehm, so schwer und müde zu sein. Bein und Arme sind jetzt schwer und müde. Mein rechtes Bein, vom Schenkel bis zum Fuß, ist schwer und müde.

Jetzt geht dieses angenehme Gefühl auch auf das linke Bein über. Das linke Bein wird schwer und müde. Schwer und müde. Wie das rechte. Arme und Beine sind jetzt schwer und müde. Kopf und Augen, Arme und Beine sind jetzt schwer und müde. Beide Schenkel, beide Füße, sind schwer und müde. Ganz müde und schwer. So schwer wie meine Arme, mein Kopf, meine Augen. So verbreitet sich die Müdigkeit über meinen ganzen Körper. Auf den Bauch, auf die Brust. Der ganze Körper ist jetzt von Schwere und Müdigkeit erfaßt. Ich bin schwer und müde. Ich bin so wunderbar schwer und müde. Die Brust, der Magen, der ganze Leib ist schwer und müde. Alles an mir ist ruhig, schwer und müde. Mit jedem Atemzug wird der ganze Körper, werde ich ganz und gar schwer und müde. Und ruhig. Ich bin so ruhig und schwer. Immer schwerer, müder und ruhiger. Mit jedem Atemzug spüre ich mehr und mehr, wie dieser angenehme Zustand immer stärker in mir wird. Immer schwerer und müder. Mein Körper folgt mir. Ich bin müde – mein Körper ist müde, schwer und ruhig. Ich höre nur auf meine Stimme. Ich gleite wie ein Segler immer tiefer ins Tal der Schwere und Ruhe. Es ist ein angenehmer Ruhezustand, schwer und müde, von Kopf bis Fuß.

Wohltuende Ruhe und Müdigkeit hat meinen Körper erfaßt. Alle Muskeln sind zur Ruhe gekommen. Alle Muskeln und Nerven haben sich entspannt. Alle Muskeln und Nerven sind entspannt und ruhig. Mein Körper ist ruhig und schwer. Auch meine Nerven werden ruhig und entspannt. Mein Körper ist so ruhig. Er ruht, er geht schlafen, während ich wach bin. Auch meine Gedanken gehen schlafen. Alle Gedanken, die mich belasten. Sie gehen schlafen. Alles Denken und Grübeln ist jetzt vollkommen unwichtig. Alles geht zur Ruhe. Alles ist ruhig. Ich höre nur noch auf meine Stimme. Nichts stört mich mehr. Nur meine Stimme ist stark. Alles andere versinkt und ist ganz unwichtig.

Ich bin in einem wunderschönen hypnotischen Ruhezustand. Die Ruhe umgibt meinen ganzen Körper wie ein weiter, schützender Mantel. Eine wunderbare Harmonie zwischen mir und meinem Innern tritt ein.

Ich fühle mich froh und geborgen. Glücklich und geborgen, umhüllt von einem weiten, warmen Mantel. Die Ruhe umgibt mei-

nen ganzen Körper, und alles ist ruhig in mir. Ich bin geborgen. Ich höre nur auf meine Stimme. Alles andere ist unwichtig. Ich bin frei und geborgen. Es ist gut. Sehr gut.
Die Ruhe umgibt meinen ganzen Körper wie ein weiter, schützender Mantel. Eine wunderbare Harmonie zwischen Körper und Seele tritt ein. Ich fühle mich glücklich und geborgen. Ganz glücklich und geborgen. Umhüllt von einem weiten, warmen Mantel. Ich bin glücklich und geborgen. Alles ist ruhig in mir.
Ich höre nur noch meine eigene innere Stimme. Alles andere ist unwichtig. Ich bin in einem wunderschönen (hypnotischen) Ruhezustand. Eine wunderbare Harmonie zwischen Körper und Seele spüre ich jetzt. Ich fühle mich ganz, ganz glücklich und geborgen.
Durch die Entspannung vermehrt sich die Durchblutung in meinem Bauch. Die Adern sind voll Blut. So wird auch der Magen durchflutet. Mir ist wunderbar warm im Magen. Wenn ich jetzt an meinen Magen denke, dann spüre ich, wie der Magen immer wärmer und wärmer wird. Ein angenehmes Gefühl der Wärme durchströmt meinen ganzen Magen. Ich lege jetzt die rechte Hand auf meinen Magen, und ich spüre ganz deutlich, wie der Magen strömend warm wird. Eine strömende Wärme durchflutet jetzt den ganzen Magen. Strömende Wärme durchflutet den ganzen Magen. Mein Magen wird wunderbar warm. Ganz deutlich spüre ich, wie der ganze Magen angenehm warm wird. Mein Magen wird jetzt strömend warm. Ich spüre den Blutstrom, weich und warm, ganz warm. Ganz deutlich spüre ich, wie der ganze Magen strömend warm und ruhig wird. Der Magen ist weich und warm.
Durch die Wärme hat sich mein Magen völlig entspannt. Der Magen ist völlig entspannt, er ist warm, ist zur Ruhe gekommen und hat sich völlig entspannt. Er ist ganz entspannt. Ich spüre ganz stark die Wärme in meinem Magen. Ich spüre die Wärme bis in meine Hand, die auf dem Magen liegt. Ich spüre ganz stark, wie mein Magen strömend warm wird, strömend vom warmen Blut. Mein Magen ist entspannt. Er ist warm und völlig entspannt.
Durch die Wärme hat sich mein ganzer Körper entspannt. Ich bin schwer und doch entspannt. Und ich bin frei. Warm und frei. Die Wärme strahlt vom Magen aus in den ganzen Körper hinein. Die Wärme strahlt. Und in diesem Zustand der angenehmen Ruhe öffnet sich das Tor zu meinem Innern ganz weit. Jedes Wort ist jetzt wichtig für mich.
Jedes Wort, das ich jetzt sage, dringt tief in mein Unterbewußtsein. Jedes Wort durchströmt mein Inneres, wie das Blut den Körper durchflutet. Jedes Wort erfrischt mich und macht mich stark.

Meine eigenen Worte werden eine heilende Wirkung auslösen.
Ich höre nur noch meine Stimme. Alles andere ist unwichtig. Ich höre nur noch die Stimme. Denn jedes Wort wird jetzt ein Samenkorn, das in mein Unterbewußtsein eindringt und eine heilende Wirkung ausübt. Mein Körper ist entspannt, ganz ruhig und entspannt. jedes Wort dringt tief in mein Unterbewußtsein ein, durchströmt mein Inneres, wie das Blut den Körper durchflutet. Wie ein Samenkorn in guter Erde. Mein Wort übt heilende Wirkung aus. Ich höre nur noch auf die Stimme. Alles andere ist unwichtig. Meine Stimme ist stark. Mein Magen ist ganz ruhig und warm.
Die Wärme strahlt jetzt vom Magen hinauf in meine Brust. Sie strahlt bis in meine Brust. Die Wärme gibt mir Ruhe in meiner Brust. Die Wärme gibt mir Ruhe und Geborgenheit. Ich bin froh und ruhig. Die Wärme macht meine Brust ruhig, ganz ruhig. Ich atme tief – und die Wärme strahlt vom Magen bis in meine Brust hinauf. Die Wärme strahlt stark bis in die Brust. Die Wärme macht mich ruhig und froh.
Sie strahlt in meinen Körper, bis hinunter in den Bauch. Tief hinunter in meinen Bauch. Von der Brust bis tief in den Bauch spüre ich die Wärme meines Körpers, die mich ruhig und geborgen macht. Mein ganzer Körper, von der Brust bis unten, ist ruhig und geborgen, warm und froh. Mein Körper ist warm und ruhig, ganz warm und ruhig. Ich spüre die Wärme von oben bis unten. Die innere Wärme, die mir Ruhe und Kraft gibt. Mein Körper ist warm und ruhig.
Strahlende Wärme vom Magen hinauf zur Brust und hinunter bis in die Schenkel. Die Wärme gibt mir Ruhe und Geborgenheit. Ich atme tief und ruhig, tief und ruhig. Ich atme tief und ruhig. Mein Atem geht tief und ruhig. Immer, wenn ich ganz ruhig und tief ein- und ausatme, füllen sich alle Organe, alle Zellen meines Körpers mit Wärme und Ruhe. Mein Inneres, mein Unterbewußtsein tut alles für mein Leben. Alles, was ich brauche, gibt mir mein Unterbewußtsein. Es erfüllt mich mit Wärme, die ich mit der Hand spüre, die auf meinem Magen liegt. Ich atme mit Ruhe. Ich atme Ruhe und Wärme. Mein Unterbewußtsein, meine Seele, mein Inneres atmet mit Ruhe und Wärme, Ruhe und Wärme.
Ich atme mich ruhig und warm. Immerzu, Tag und Nacht, atme ich ruhig und warm. Der Atem erfüllt meinen ganzen Körper mit Ruhe und Wärme. Jeder Atemzug, jeder Atemzug macht mich ruhig und warm. Ich fülle mich mit Ruhe und Wärme. Alle Muskeln, alle Nerven sind ruhig durch meine Atmung. Ich atme von der Brust bis zum Bauch Ruhe und Wärme. Meine Muskeln und

meine Nerven sind ruhig und warm, ganz entspannt und ruhig. Ich atme mich ganz tief und warm. Ganz tief und warm. Ganz tief und warm.

Durch diese wunderbare Ruhe, die mit jedem Atemzug meinen ganzen Körper durchströmt, bleibe ich in Zukunft immer ruhig und entspannt. In allen Lebenslagen. Immer ganz ruhig und entspannt, mit tiefem Atem.

Der Atem macht mich ruhig und warm, von der Brust bis nach unten, ganz ruhig und entspannt. Ganz gleich, wo ich bin, ganz gleich, was ich mache, ich bleibe immer ruhig und entspannt, immer ruhig und entspannt. Egal, was ich mache, egal, wo ich bin, immer ruhig und entspannt. Das werde ich mir jetzt immer sagen: Egal, wo ich bin: Immer ruhig und entspannt. Der Atem gibt mir Wärme und Ruhe. Wärme und Ruhe gibt mir mein Atem. Ich bin ganz ruhig und locker. Mein ganzer Bauch, alle meine Muskeln sind locker. Mein Bauch, meine Muskeln, meine Nerven sind locker, ganz locker.

Locker und entspannt. Von oben bis unten. Ich atme tief, mit Brust und Bauch, mit Brust und Bauch, mit Brust und Bauch. Wenn ich mit anderen Menschen spreche, bleibe ich ruhig und entspannt. Und auch wenn ich allein bin, bleibe ich ruhig und entspannt. Denn mein Atem durchströmt mich mit Ruhe und Wärme. Mein ganzer Körper füllt sich bei jedem Atemzug mit Ruhe. Mit Ruhe und Wärme. Mein ganzer Körper ist ruhig und warm durch meinen Atem.

X

Hier hängen Sie später Ihren speziellen Text an.

Die nächsten Sätze: Nur in der ersten Woche wichtig

Der Abschnitt, den ich Ihnen jetzt zu sprechen oder in sich hineinzudenken vorschlage, ist nur in der ersten Übungswoche wichtig. Zweck dieser Einrede ist es, sich an die Wirkung des Farbtäfelchens auf der Buchumschlag-Rückseite zu gewöhnen. Später stellt sich die Wirkung der Farbtafel auf Ihre Sehnerven ganz von selbst ein. Sie bedürfen der zusätzlichen Einrede nicht mehr. Sie lassen nach der ersten Übungswoche diesen Abschnitt weg. Dafür ist das hier genau die Stelle, wo Sie an die bisher geschilderte »Grundübung« später Ihre spezielle »Zusatzübung« einbauen. Die finden Sie, entsprechend Ihren Beschwerden, in einem der nächsten Kapitel und – wenn Sie keine Lust haben, alle Kapitel nacheinander durchzulesen – im Stichwortregister am Ende des Buches.

Ich möchte Ihnen aber eigentlich doch raten, das Buch gelegentlich ganz und gar durchzulesen. Weil in jedem Kapitel andere Beschwerden mit anderen Selbsteinreden gezeigt werden. Und weil es durchaus sein kann, daß Ihnen die eine oder andere Formel persönlich »besser gefällt«. Die Sympathie zu dem, was Sie sich selbst suggerieren wollen, ist sehr, sehr wichtig. Deshalb sollten Sie getrost Sympathie-Worte in Ihre Übungen aufnehmen. Allerdings bitte ich Sie, keinen Übungs-Salat zu machen und nicht jedesmal die Übung zu ändern. Bleiben Sie bei Ihren Einrede-Formeln, wenn sie Ihnen sympathisch sind, so genau wie möglich.
Den folgenden Text reden Sie sich also bitte nur in der ersten Übungswoche ein. Danach setzen Sie an diese Stelle Ihre persönliche »Zusatzübung«. Alles klar?

Immer wenn ich in Zukunft das Farbtäfelchen auf meinem Buch ansehe, bei jeder neuen Übung, spüre ich, wie meine Augen schwer und müde werden und sich ganz von selbst schließen. Meine Augen bleiben dann ganz leicht geschlossen, und ich gebe mich diesem angenehmen Zustand der Ruhe und Entspannung hin. Jede neue Übung macht mich ruhiger und entspannter, von Mal zu Mal werde ich ruhiger und entspannter. Immer, wenn ich das Farbtäfelchen auf dem Buchumschlag betrachte, spüre ich, wie meine Augen sich schließen möchten. Und wie sie ganz von selbst zufallen. Die Augen werden müde und fallen zu. Ich gleite dann ganz von selbst hinein in meinen erwünschten, angenehmen Zustand der Ruhe und Entspannung. Mit tiefem Atem genieße ich diesen wunderbaren, angenehmen Zustand. Ruhe und Entspannung. Lebendige Wärme durchströmt meinen ganzen Körper. Ich genieße Ruhe und Entspannung. Egal, was ich mache, egal, wo ich bin, ich werde von Mal zu Mal immer ruhiger und entspannter.

Bei jeder neuen Übung spüre ich, wie meine Augen schwer und müde werden, wie sie ganz von selbst zufallen. Ich gleite dann ganz von selbst in diesen angenehmen Zustand, den ich mir so sehr wünsche. Jedesmal geht es etwas besser. Immer tiefer gleite ich hinein in Ruhe und Entspannung.

Und so beenden Sie jedesmal Ihre Übung

Am Ende der Übung will sich der Mensch aus seiner Verinnerlichung wieder lösen. Er will das Zwiegespräch mit seinem Innenleben, seiner Seele, seiner Psyche und seinen Organen beenden und sich wieder dem »gewöhnlichen« Ablauf des Alltagslebens zuwenden. Die häufige oder allzu lange Beeinflussung des Innenlebens durch das eigene Wort und den eigenen Willen wäre schädlich, weil die Organe und Nerven und Muskeln, Blut und Kreislauf dann ständig auf »Kommandos« warten und ihre automatische Arbeit aufgeben würden.

Das wäre gegen die Natur. Und es wäre übertrieben. Jede Übertreibung ist schädlich.

Deshalb ist die Loslösung von dem selbstherbeigeführten, heilsamen Zustand des Autogenen Trainings sehr wichtig. Sie muß am Ende jeder Übung vom Übenden selbst herbeigeführt werden.

Der Zustand der verinnerlichten Selbst-Besprechung wird auch abrupt beendet, wenn inzwischen plötzlich das Telefon oder der Wecker klingelt, wenn nebenan eine Stereo-Anlage auf »volles Rohr« gedreht wird oder wenn ein Rettungshubschrauber über das Hausdach knattert. So weit wie möglich sollte man dieses gewaltsame, unerwünschte Herausreißen aus dem Zustand der Wärme, der Ruhe, Entspannung und Geborgenheit vermeiden. Der schockartige Abbruch des Trainings mit seinem Innenleben ist unerwünscht. Es ist nicht gerade gefährlich, wenn es mal passiert. Aber man muß schon sagen: Diese gewaltsam abgebrochene Übung bleibt nutzlos. Geschähe das ständig, wäre es wahrscheinlich sogar schädlich.

Die moderne Psychotherapie hat ausgeknobelt, wie sich der Mensch behutsam und erfolgreich aus dem Zustand der Verinnerlichung selbst herauslösen oder durch Zuspruch anderer herausgelöst werden kann. Auf diese sanfte, ruhige Art der Herauslösung möchte bitte der Übende genau den gleichen Wert legen, wie er sich zuvor um die Verinnerlichung bemüht hat. Der Vergleich sei erlaubt: Nach einem guten Zwiegespräch mit einem Freund oder Partner beendet man die Zweisamkeit ebenfalls taktvoll und niemals schockartig. Man könnte sonst sein Gegenüber verletzen. Man läßt das Gespräch, den Kontakt ausklingen und verabschiedet sich schließlich.

Denken Sie immer daran: Wenn es wahr ist, wenn es mir möglich ist (und ich werde es ja selbst erleben), mit meinem Innern einen Willens- und Wortkontakt herzustellen, dann ist diese »Verabschiedung« wichtig. Denn mein Innerstes, das mir ungleich näher ist als jeder Partner oder Freund (es ist ja das »Nächste« überhaupt!), will ich natürlich auf keinen Fall verletzen.

Die Verabschiedung aus dem selbst herbeigeführten, erwünschten Zustand ist bei jeder Übung immer die gleiche. Ganz egal, welche Art von Beschwerden ich mit meinem Training behandle, ob Kopf- oder Magenweh, Schlaflosigkeit, Nervosität des Herzens oder Verstopfung. Das beste ist es, ich lerne diese Formeln halbwegs »auswendig«.

Dabei kommt es, genau wie bei allen in diesem Buch beschriebenen und ausgedruckten Übungen, nicht auf jedes einzelne Wort an.
Im Gegenteil darf und soll jeder Übende selbst die Worte so wählen, wie ihm der Schnabel gewachsen ist. »Störende« Worte, die einem selbst nicht in den Kram passen (man spürt das schon beim Lesen oder beim Nachsprechen), kann man getrost durch andere, eigene, sympathische Worte ersetzen.

Auch dafür möchte ich Ihnen ein Beispiel geben: Ich kann das Wort »Heringshappen« nicht leiden – obwohl – das muß ich zugeben, die geschnitzelten sauren Stückchen mir wunderbar schmecken, wenn sie mir vorgesetzt werden. Trotzdem habe ich mir noch niemals selbst im Laden »Heringshappen« gekauft. Das gleiche passiert mir mit dem Wort »Zwetschgendatschi«, einem süddeutschen Ausdruck für ein Stück Pflaumenkuchen. Als ich eines Tages, ziemlich nervös und etwas überdreht, in der Auslage einer Bäckerei den herrlichen frischen Pflaumenkuchen sah, ging ich hinein und sagte: »Geben Sie mir ein Stück Pflaumenkuchen.« Darauf sah mich die freundliche Verkäuferin etwas mitleidig an und antwortete: »An Zwetschgendatschi wollen's?« Ergebnis, weil ich natürlich reichlich überdreht war: Ich bin ohne Kuchen aus der Bäckerei gelaufen. Nur weil mir das Wort zuwider war.
Wahrscheinlich entdeckt jeder Mensch solche ihm unsympathischen Worte. Wie gesagt: Beim verinnerlichenden Selbstgespräch sollen solche Worte auf keinen Fall vorkommen. Man kann sie leicht durch eigene ersetzen.

Wenn Sie im Text lesen: »Ein wunderbarer Zustand der Ruhe und Wärme durchströmt meinen ganzen Körper«, dann sagen Sie vielleicht: Aber so rede ich doch niemals! Wenn ich das sage, dann klingt das geschwollen und kitschig. – Macht nichts: Dann sagen Sie vielleicht: »Es ist schön ruhig und warm im Körper.« Oder: »Mir ist herrlich warm. Ich fühle mich ruhig.« Oder: »Toll, wie warm mir um den Magen ist.«

Hier ist nun ein Textvorschlag, mit dem Sie sich vom Zwiegespräch mit Ihrer Psyche verabschieden können:

Ich werde nun gleich bis fünf zählen. Und bei fünf – aber erst bei fünf – öffne ich dann wieder die Augen, werde hellwach, fühle mich ganz froh und frisch. Und jedes Wort hat sich in meinem Unterbewußtsein eingegraben.
Ich zähle jetzt langsam bis fünf. Und ich beginne mit eins. Aber erst bei fünf öffne ich wieder die Augen. Nicht vorher. Ich behalte die Augen geschlossen bis fünf. Ich beginne bei eins. Bei eins gehen die Schwere und die Müdigkeit aus den Beinen zurück und verfliegen wie eine Wolke im Wind. Meine Beine werden wieder ganz leicht und frei. Jetzt bin ich bei zwei. Nun geht auch die Schwere und die Müdigkeit aus meinen Armen zurück. Beide Arme werden wieder ganz leicht und frei. Beide Arme und meine Hände sind jetzt leicht und frei.
Drei. Jetzt entweicht auch alle Schwere aus meinem Körper. Aus Brust und Bauch und Magen verfliegen nun die Schwere und die Müdigkeit, wie eine Wolke im Wind. Der ganze Körper wird leicht und frei. Ich kann ganz leicht und frei atmen.
Jetzt kommt die Vier. Alle Müdigkeit und Schwere aus meinem Kopf und meinen Augen verfliegen wie eine Wolke im Wind. Mein Kopf wird leicht und frei. Mein Kopf ist leicht und frei.
Fünf. Ich will nun auch die Augen öffnen. Ich fühle mich froh und frisch und munter. Ich habe die Augen offen und fühle mich froh und munter. Froh und frei. Leicht. Ganz leicht. Es ist schön, zu leben.

Auf das richtige Tempo kommt es an

In diesem Buch werden Sie viele Sachen, auf die es für ein erfolgreiches Training mit dem Innenleben wirklich ankommt, an mehreren Stellen wiederfinden. Das ist Absicht. Die Hauptsachen, auf die es ankommt, werden sich auf diese Weise ganz von selbst in Ihr Bewußtsein eingraben, ohne daß Sie Wort für Wort »auswendig« lernen, was ja sowieso gar nicht möglich, auch nicht nötig und nicht mal erwünscht ist.
Sie haben die Wahl, sich die Übung von Ihrem Lebensgefährten (wie von einem Arzt) jedesmal vorsprechen zu lassen, oder den

Inhalt der Übung mit eigenen Worten vor sich hinzusprechen oder nur in sich hineinzudenken – oder sich die entsprechende Kassette kommen zu lassen (siehe hierzu die Fußnote auf Seite 19) und sie einfach bei jeder Übung leise abzuspielen.
Nun möchten Sie wissen, was »die beste« Methode sei?
Die gibt es nicht. Ich halte zum Beispiel die Partner-Methode für sehr, sehr erfolgreich. Sie festigt nämlich zugleich die Partnerschaft, die Liebe, das Vertrauen zueinander: Der »Sprecher«, mein Partner, hat mir geholfen, meine Beschwerden zu überwinden. Er hat wochenlang täglich mit mir geübt, hat seine Zeit mir gewidmet. Mein Partner und ich – wir sind zusammen sehr stark. Ich werde meinem Partner ebenfalls helfen, wenn er mich braucht.
Auch dem Partner macht die »Kur« Spaß. Er erfährt das Wunder, daß er seinem Nächsten, der Gattin oder dem Ehemann wirklich helfen kann. Er sagt sich: »Ich bin für dich Medizin.«
Das sind schöne Gedanken. Wer sie verwirklichen kann, wird damit Erfolg haben. Aber leider ist die Welt nicht so beschaffen, daß jeder einen Partner hat, mit dem es so klappt. Viele haben gar keinen Partner und sind genau deshalb leidend.
Die Allein-Methode hat den Vorzug, daß man sich, sobald sich Erfolg einstellt, selbst sehr stark fühlt. Sie bedarf größerer Übung und kostet am Anfang sicher mehr Zeit und Geduld und Glauben an Erfolg, der sich erst einstellen kann, wenn man die Übung sinngemäß beherrscht.
Natürlich können Sie nicht die Augen schließen, solange Sie den Text lesen müssen. Aber machen Sie die Augen zwischendurch immer mal wieder zu und denken Sie den Sinngehalt des Textes in sich hinein. Bis Sie das Buch nach drei oder acht Tagen nicht mehr zum Ablesen brauchen. Dann lassen Sie das Buch auf Ihren Bauch sinken.
Lernen Sie nicht »am grünen Tisch«. Sondern suchen Sie sich auch schon zum Lernen des Textes Ihr künftiges »Nest« – das Bett oder die Couch oder einen besonders bequemen Sessel.
Lernen Sie bitte gleich vom ersten Abschnitt an die Schlußformel mit, die Sie auf Seite 45 finden. Sie werden sich von Anfang an daran gewöhnen, ohne Hast und Nervosität aus der Verinnerlichung herauszufinden. Programmieren Sie bitte keine Fehler in Ihr Training, indem Sie wichtige Sachen einfach auslassen.
Sie haben sich vielleicht schon gewundert, warum wir hier so viel Platz »verschwenden« und viele Sätze oft wiederholen. Die Wiederholung ist aber wichtig. Ich möchte gern, daß Sie sich von Anfang an auch an diese Wiederholungen gewöhnen – auch wenn Sie die Übung mit Ihren eigenen Worten in sich hineinre-

den. Wiederholung ist wichtig. Auch da war der Volksmund früher (wie in vielen Fällen) schon sehr klug. Er sagte: »Steter Tropfen höhlt den Stein.« Eine tolle Beobachtung unserer Urväter! Die Römer kamen ganz unabhängig darauf. Sie sagten: »Wiederholung ist die Mutter der Weisheit« (Repetitio est mater studiorum). Ähnliche Redensarten gibt es in fast allen Sprachen der Welt. Und phantastisch ist es doch, daß sich die wenigen letzten Urvölker unserer Erde mit ständiger Wiederholung von Worten, Sätzen oder monotonen Gesängen in »Trance« versetzen, also eine Art Selbsthypnose durch Autogenes Training.

Ich möchte noch ein Beispiel aus unserem Leben erwähnen, um anschaulich zu machen, wie ungefähr der Kontakt zwischen unserem Willen und dem Wort (was ja der Ausdruck des Willens ist) auf der einen Seite und den verschiedenen Teilen unseres Innenlebens auf der anderen Seite funktioniert: Irgendwo auf der Welt sitzt ein Funkamateur mit einer hochwertigen Funkanlage. Er möchte Kontakt herstellen mit anderen Funkern. Er sucht auf allen möglichen Frequenzen und funkt immer und immer wieder seinen Code. Bis sich schließlich ein anderer Funker auf einem ganz anderen Kontinent meldet: »Hier bin ich. Ich freue mich über den neuen Kontakt. Mich treffen Sie regelmäßig unter der Frequenz soundso um die und die Zeit. Da können wir miteinander reden.« Von nun an macht es beiden keine große Schwierigkeit mehr, miteinander Kontakt aufzunehmen und Gedanken miteinander auszutauschen.

Kein Laie weiß zunächst, wie er Kontakt mit seinem Darm aufnehmen soll, um Stuhlverstopfung zu beseitigen. Wenn er aber oft und lange genug »Kontakt« sucht, wird ihm der Darm eines Tages den Gefallen erweisen. Psychotherapeuten haben sich für uns Laien den Kopf zerbrochen, wie man Kontakte zu verschiedenen Bereichen des Körpers herstellen kann. Sie haben dazu eine ziemlich einfache, man darf ruhig sagen, »primitive« Sprache gefunden. In dieser Sprache ist dieses Buch gehalten. Sie hat sich weltweit als erfolgreich erwiesen. Man kann sie lernen und für sich mundgerecht abwandeln.

Die Sprache mit dem Innenleben ist eindringlich. Sie lebt von häufigen Wiederholungen und ist nahezu »un-originell«. Sie soll ja auch nicht als »Literatur« gedruckt werden. Niemals ist sie hektisch und hastig. Schnelle Sprecher werden sich Mühe geben, möglichst langsam zu reden bzw. langsam und betulich in sich hineinzudenken. Starke Versenkung in das Körper-Innere unterstützt den Kontakt mit dem Empfänger-Organ.

Man kann sich getrost möglichst bildhaft das Innenleben vorstellen und mit angenehmen Bildern ausschmücken. Sich dabei des

eigenen Körpers zu erfreuen, Herz, Magen usw. als wunderbare, starke, verläßliche Freunde auszumalen, angenehme Gefühle zu genießen (einschließlich sexueller Vorstellungen), ist durchaus wünschenswert. Um Erfolg zu haben bei der Überwindung einer jahrelangen, chronischen Stuhlverstopfung, muß man sich auf den Genuß eines wunderbaren Stuhlganges freuen. Die Verklemmung, daß etwa der Stuhlgang etwas ganz und gar Unappetitliches wäre, würde jeden Versuch mißraten lassen, mit seinem Darm in eine seelisch-leibliche Beziehung zu treten. Experten sind überzeugt, daß überhaupt manche Verstopfte nur deshalb leiden, weil sie womöglich schon von Kindesbeinen an den Stuhlgang als widerliche Angelegenheit und als »Tabu« empfinden. In Wahrheit ist es doch eine Ferkelei, wenn die Reste unseres Stoffwechsels länger als naturgewollt im Körper verbleiben.
Wir wollen also unsere körperlichen Schwachstellen eindringlich und langsam anfunken, um Kontakt herzustellen. Und nach jedem Satz einen Augenblick in uns hineinhorchen, ob wir von dem betreffenden Organ »Antwort« bekommen. Sagen Sie bitte einmal den folgenden Satz ganz langsam: »Meine Augen sind müde und geschlossen.« Jetzt schließen Sie die Augen. Bemühen Sie sich um die Vorstellung, wie Sie Müdigkeit um die Augen empfinden. Wahrscheinlich spüren Sie Ihre Augenlider, wie sie geschlossen den Augapfel umspannen. Genießen Sie diese Vorstellung. Wiederholen Sie den Satz zwei- oder dreimal. Allmählich, nach ein wenig Übung, werden Sie die Augen-Müdigkeit immer stärker empfinden. Fangen Sie niemals an, hastig zu sprechen. Dann ist die ganze schöne Wirkung zum Teufel, und Sie empfinden alsbald eine unsympathische Nervosität.
Am Ende soll die ganze komplette Übung niemals mehr als 15, höchstens 20 Minuten dauern. Dauert sie länger, dann haben Sie zu langsam gesprochen oder sich zu oft wiederholt oder zu lange Pausen zwischendurch gemacht. Schauen Sie zwischendurch nicht auf die Uhr. Brechen Sie die Übung mit der Schlußformel einfach ab, sobald Sie das Gefühl haben, daß Sie die Zeit überziehen. Eine zu lange Übung wird zur Anstrengung und führt nicht zum erwünschten Ziel. Allmählich bekommen Sie genau das richtige Tempo.
Die dritte Möglichkeit, das Training per Tonband-Kassette, die Sie bestellen können, nimmt Ihnen das Problem des Lernens und die Sorge um die richtige Dauer der Übung ab. Sie können sich von der ersten Minute an ganz und gar der Kontaktsuche mit Ihrer Seele (oder Psyche oder wie sonst Sie es nennen wollen) hingeben. Sie können dieses Tonband dann jeden Tag um die gleiche Zeit so viele Tage lang ganz leise abspielen, bis Ihnen der

Text in Fleisch und Blut übergegangen ist. Sie drehen den Ton einfach nach ein oder zwei Wochen immer etwas leiser, bis Sie schließlich fast nichts mehr hören. Schließlich werden Sie das Tonband nicht mehr benötigen.

Wie lange dauert eine »Seelenkur«?

Es ist sehr, sehr lästig, jede Woche dreimal zum Arzt zu gehen und sich eine Spritze »abzuholen«. Es macht überhaupt keinen Spaß, ständig mit einer Pillendose herumzulaufen und zu festen Zeiten, während der Arbeit und im Urlaub, Tabletten zu schlukken. Mit dem Autogenen Training gelingt es, sich von solchen Belästigungen zu befreien: Nur bei ernsten organischen Leiden kann und darf die Methode nicht angewendet werden.
Für den Erfolg der Selbstbehandlung nervlich oder funktionell bedingter Beschwerden werden Sie sicherlich vier bis sechs Wochen benötigen, wenn Sie sich täglich 15 bis 20 Minuten, möglichst nach Feierabend (oder auch in den Vormittagsstunden) in angenehmer Weise Ihrem Innenleben hingeben. Die Übung in diesem Kapitel ist als Grundübung für alle Leidenszustände komplett.

Erst nach diesen vier oder sechs Wochen schieben Sie dann Ihre ganz spezielle Übung ein, die auf das Herz, den Darm, die Nerven, den Magen, die Atmung usw. gerichtet ist. Sie finden in den folgenden Kapiteln die Beschreibung und Behandlung jeweils eines bestimmten Leidenszustandes und die zugehörigen Texte zur Kontaktaufnahme mit Ihrem Innenleben. Es wird ganz leichtfallen, den Text an der richtigen Stelle einzuschieben und mit der Trainingszeit von 15 bis 20 Minuten trotzdem zurechtzukommen. Sie kürzen einfach nach Ihrem eigenen Körpergefühl an denjenigen Stellen der Grundübung, wo Sie meinen, weniger sei auch noch genug.

Wenn Sie erfolgreich mit dem Training umzugehen gelernt haben und Ihnen die Kontaktaufnahme mit dem Innenleben leichtfällt, werden Sie das Training, vielleicht in abgekürzter Form, lebenslang weitermachen wollen. Nichts dagegen. Viele seelisch-körperliche Übungen werden lebenslang gemacht, so z.B. das indische Yoga oder das Autogene Training mancher Manager.

Sie können die Übungen auch einstellen, sobald Sie sich des erwünschten Erfolges sicher sind. Anschließend werden Sie feststellen, ob es Ihrem Willen gelungen ist, der Schwachstelle in Ihrem Körper eine einwandfreie oder doch wenigstens bessere Funktion »einzureden«. Ist das nicht der Fall, machen Sie wieder weiter.

Kehren die Beschwerden nach Wochen, Monaten oder Jahren zurück, können Sie das Training jederzeit wieder aufnehmen. Sie werden niemals »immun« gegen diese Methode (wie etwa bei vielen Pillen), wenn Sie einmal Erfolg damit hatten.

Kinder sollten mit der Methode nicht vertraut gemacht werden. Sehr alten, senilen Menschen und Leuten mit psychischen Krankheiten ist diese Art der Selbstbehandlung nicht zuträglich. Bei allen organisch weitgehend intakten Erwachsenen werden sich Leidenszustände in 80 Prozent aller Fälle beheben oder lindern lassen, wenn die Grundregeln befolgt werden.

4. Schluß mit Nervosität

Es spricht vieles für die Annahme, daß es noch niemals in der Entwicklung der Menschen so viele nervöse Leute gegeben hat. Wenn Sie zu jenen fünfzig Prozent gehören, die sich gelegentlich oder ständig nervös und gehetzt, unruhig und aufgeregt fühlen, dann ist dieses Kapitel für Sie sehr, sehr wichtig.
Es lohnt sich dann, zuerst einmal in aller Seelenruhe, derer Sie fähig sind, über die Ursachen Ihrer ganz persönlichen Nervosität nachzudenken.
Wenn Sie zu diesem Nachdenken jetzt keine Zeit oder keine Lust haben, dann verschieben Sie das auf einen anderen Tag. Sie stehen ja noch am Anfang Ihres persönlichen Autogenen Trainings. Sie sind noch damit beschäftigt, sich mit der Grundübung (Kapitel 3) vertraut zu machen. Sie haben also genügend Zeit, sich eines ruhigen Tages des speziellen Übungsteils »Schluß mit der Nervosität« zu widmen.
Aber Sie können trotzdem schon mal durchlesen, was nervöse Menschen in diesem Kapitel für sich gewinnen.
Nervosität ist ein sehr persönlicher Leidenszustand. Der eine Mensch wird nervös – der andere nicht. Wer nervös ist, kann zusätzlich noch Beschwerden an allen möglichen anderen Organen bekommen – am Herzen, am Magen, an der Leber. Sein Blutdruck kann steigen. Er kann in Depressionen verfallen. Nervosität ist eine ernste Sache. Sie kann den ganzen Menschen kaputt und krank machen und schließlich sogar das Leben verkürzen.
Es wäre wunderbar, wenn es nervösen Leuten gelänge, wenigstens einige Ursachen der Nervosität auszuschalten. Gehen Sie bitte gelegentlich mit Ihrem Partner die folgende Liste der »Nervositäts-Faktoren« durch:

- *Lärm im Betrieb:* ja – nein – vermeidbar – nicht vermeidbar.
- *Lärm zu Hause:* Radio wird laut gehört. Straße ist laut.
- *Ärger im Betrieb:* ja – nein – immer vermeidbar (Firma wechseln, wenn möglich).

● *Ärger zu Hause:* ja – nein – Kinder machen Kummer und Sorgen. Ehe stimmt nicht. Ärger mit Verwandten, Freunden oder Nachbarn.

● *Falsche Lebensführung:* Zu lange tägliches Fernsehen. Zu wenig Schlaf (Minimum: 8 Stunden!). Zu wenig Bewegung (Minimum: Eine Anstrengung täglich!) Zu reichliches Essen und Trinken (Übergewicht!). Zu viel und zu regelmäßig Alkohol und Zigaretten.

● *Falsche Zielstellung:* Zu viel beruflicher Ehrgeiz. Karrieresucht. Zu starker Drang nach Geld und Besitz. Mehr sein wollen als andere. Zu viele Ideen und Wünsche auf einmal.

● *Unverdaute Nackenschläge:* Trauer über familiäre oder berufliche Rückschläge. Verlust von Angehörigen und Freunden. Nicht ausgeräumte Mißverständnisse. Unverstandensein. Schwindende Gesundheit, Potenz, Schaffenskraft. Fehlende Liebe. Einsamkeit.

Vielleicht treffen einzelne Stichworte bei Ihnen nur ungefähr zu. Streichen Sie bitte nur diejenigen Begriffe mit dem Bleistift aus, die nach Ihrer und Ihres Partners Ansicht auch nicht annähernd zutreffen. Sie werden sehen: Wenn Sie ein nervöser Mensch sind, bleiben eine ganze Menge Störfaktoren übrig.

Versuchen Sie als nächstes, wenigstens den einen oder andern Störfaktor auszuschalten: Indem Sie das Schlafzimmer von der lauten Straßenseite auf die leisere Hofseite verlegen. Indem Sie das Radio leiser stellen und seltener fernsehen. Indem Sie sich – ganz egal, wie lange Sie jetzt durchschnittlich schlafen – grundsätzlich eine Stunde mehr Nachtruhe zubilligen. Indem Sie zu einem früheren Zeitpunkt etwas weniger und leichtere Speisen zu sich nehmen. Indem Sie versuchen, durch Aussprachen mit Kollegen, Vorgesetzten, Angehörigen oder Freunden Mißverständnisse und Konflikte aus dem Wege zu räumen. Das sind nur einige Beispiele. Sie finden sicherlich noch einige weitere Möglichkeiten, wie Sie Störfaktoren aus dem Wege räumen können. Hauptsache, Sie sind jetzt auf dem richtigen Wege.

Sie finden in diesem Buche auch Anleitungen, wie Sie sich das Trinken von Alkohol, das Rauchen, übermäßiges Essen abgewöhnen oder einschränken können. Suchen Sie die entsprechenden Stichworte im Register. Halten Sie diese Möglichkeiten nicht für Hokuspokus. Berücksichtigen Sie, daß die Selbsteinrede ohne Ihren festen Willen nicht funktioniert. Verlangen Sie nicht von Ihrem Innern, für Sie einen Konflikt zu lösen, wenn der Wille dazu gar nicht vorhanden ist.

Sie werden mit dem Autogenen Training fast alles erreichen, was Sie wirklich wollen. Aber nichts, wozu Sie vom Willen her nicht bereit sind. Sie wissen ja bereits: Selbsteinrede funktioniert durch Intelligenz und Willenskraft.

Eine Methode der Sympathie

Es führt zu gar nichts, alle Welt und immer nur andere für die Störfaktoren verantwortlich zu machen. Obwohl das in Wirklichkeit oft genug der Fall ist. Die unvermeidbaren Störfaktoren kann man ertragen, indem man sich gegen sie »immunisiert«. Mit dem Autogenen Training.

Es wäre prima, die autosuggestiven Übungen mit Gymnastik, Sport, Kneippschen Wasseranwendungen, kräftigenden Kräutertees und anderen natürlichen Heilmethoden zu unterstützen. Am Ende des Kapitels geben wir Ihnen auch dazu noch ein paar Tips.

Es wäre ganz große Klasse, wenn Sie nach Rücksprache mit dem Therapeuten gleich von Anfang an Beruhigungstabletten (Valium, Librium, Adumbran, Persumbran) beiseite legen würden, weil Sie diese Mittel durch das Autogene Training mit Zusatzformeln für Nervöse nicht mehr brauchen. Weil Beruhigungsmittel Ihren Willen wie Ihr Unterbewußtsein nicht wach machen – wie das für die Übungen richtig ist –, sondern einschläfern.

Wenn Sie ein ganz und gar nervöser Typ sind, der ohne diese Pillen schon lange Zeit nicht mehr auskommt, dann nehmen Sie die Dinger erst einmal weiter. Eine Woche lang. In der zweiten Woche nehmen Sie eine halbe Pille weniger, in der dritten noch eine halbe Pille und so weiter. Dann, wenn Sie noch immer nicht den Mumm haben, ganz aus dem »Pillentrip« auszusteigen, gehen Sie auf ein sanftes Mittel über: Auf Baldriantropfen oder Baldriantabletten. Beginnen Sie getrost mit einer größeren Dosis, die Sie wieder von Woche zu Woche verringern. So werden Sie binnen zwei Monaten vollkommen pillenfrei. Unsere Form des Autogenen Trainings ist keine brutale Methode, die dem Übenden abverlangt: »So – und nicht anders.« Im Gegenteil. Wir sagen hier: »So – wie Sie es wirklich selbst wollen.« Wir werden Ihnen helfen, daß Sie Ihr Wissen und Wollen freilegen können, damit Sie endlich wieder so leben, wie es sich zu leben lohnt: ohne Beschwerden.

Sie werden ganz von selbst Kompromisse mit sich selbst, mit Ihrem Innern, Ihrer Umwelt, mit Arbeit und Familie schließen. Weil Sie sich der Stärke des Wissens und Wollens bewußt werden.

Wer stark ist, kann Kompromisse schließen, die oberhalb des Zustandes liegen, mit dem er unzufrieden ist und der ihn nervös macht.
Sie haben das alles verstanden, weil es ganz einfach ist, und weil Sie gar nicht wollen, daß die Dinge kompliziert werden. Sie wollen kein heilhypnotischer Wissenschaftler werden.
Sie wissen jetzt genug, um mit eigenen Übungen ein ruhiger, weniger nervöser Mensch zu werden. Sie wollen sich jetzt zu der Ihnen bereits bekannten Grundübung (Kapitel 3) die spezielle Zusatzübung »Schluß mit Nervosität« aneignen. Die werden Sie, wie schon gewohnt, zuerst einmal lesen, dann mit eigenen Worten versehen. Störende Worte oder Sätze werden Sie streichen. Sie wissen auch, daß die autosuggestiven Sätze langsam ins Innere hineingeredet werden. Sie haben sich bereits entschieden, die Sache mit sich selbst zu absolvieren oder sich das Training vom Lebensgefährten oder vom Tonband einreden zu lassen.
Wenn Sie so nicht zurecht kommen, können Sie eine fertige Tonband-Kassette bestellen (vgl. hierzu Fußnote auf Seite 19). So oder so kommen Sie alsbald zu einem erfolgversprechenden Beginn Ihres »Autogenen Trainings«.

Das ist der Text, den Sie für mehr Ruhe brauchen

Der folgende Text wird zur Behandlung der Nervosität auf Seite 41 bei dem Zeichen x an den Grundtext angehängt.

Alle Muskeln sind jetzt zur Ruhe gekommen. Muskeln und Nerven haben sich entspannt. Alle meine Muskeln und Nerven sind jetzt ganz ruhig. Sie gehen jetzt schlafen. Muskeln und Nerven sind wunderbar ruhig. Alle meine Gedanken gehen jetzt schlafen. Alles Denken und Grübeln ist völlig unwichtig. Alles Denken und Grübeln geht zur Ruhe. Gar nichts stört mich. Ich höre nur noch die Stimme. Alles andere versinkt und ist unwichtig. Ich bin in einem wunderschönen Ruhezustand. Alles Denken und Grübeln schläft. Nichts stört mich. Die Ruhe umgibt meinen ganzen Körper wie ein weiter, schützender Mantel.
Nichts drückt mich. Alles ist ruhig. Eine wunderbare Harmonie zwischen Körper und Seele, zwischen meinem Willen und meinem Innern tritt jetzt ein. Ich fühle mich glücklich und geborgen. Ich fühle mich ganz glücklich und geborgen. Ganz glücklich, geborgen und ruhig. Alles ruht in mir. Nichts regt mich auf. Die

Ruhe umgibt meinen ganzen Körper wie ein weiter, schützender Mantel. Ich höre nur die Stimme. Alles um mich ist unwichtig. Ich bin in einem wunderbaren Ruhezustand, wie in einem schützenden Mantel. Ich spüre eine angenehme Harmonie zwischen Körper und Seele.
Durch die Entspannung vermehrt sich die Durchblutung auch in den Adern der Magenwand. Das warme Blut durchströmt die Adern der Magenwand. Ich lege meine Hand auf den Magen und spüre die strömende Wärme. Immer mehr und mehr. Ein angenehmes Gefühl der Wärme durchströmt meinen Magen. Ich spüre, wie mein Magen strömend warm wird. Der Magen ist entspannt und ruhig. Ich spüre es mit der Hand, die auf dem Magen liegt. Ich spüre strömende Wärme.
So entspannen sich jetzt mein ganzer Körper und meine Seele. Nichts stört mich mehr. Ich bin stark und ruhig. Stark und ruhig. Die Stärke durchströmt Muskeln und Nerven. Stärke und Ruhe durchströmen mich. Meine Gedanken strömen frei und leicht. Ruhig, frei und leicht. Nichts stört mich, denn ich kann, was ich will. Nerven und Muskeln sind stark und frei.
Körper und Seele sind ruhig und entspannt. Jedes meiner Worte löst eine heilende Wirkung aus. Mein Wille heilt Körper und Seele. Ich bin stark und frei und ruhig. Ich kann alles meistern. In Ruhe alles meistern. Ich bleibe in Zukunft immer ruhig. Nichts regt mich mehr auf. Nichts regt mich auf. Ich bin stark, ruhig und frei. Meine Worte heilen mich. Ich bleibe immer ganz ruhig. Nichts stört mich mehr. Ich bin stark und kann mich mit anderen verstehen. Verstehen und vertragen. Verstehen und vertragen. Nichts regt mich auf, weil ich stark und frei und ruhig bin. Es fällt mir leichter und leichter.
Ruhige Wärme strahlt durch Körper und Seele, bis in Brust und Kopf. Sie gibt mir Geborgenheit und Ruhe. Ich bin froh und ruhig. Die Wärme tut gut. Sie durchstrahlt Körper und Seele. Sie strahlt ruhig und stark. Auch in den Bauch hinein. Ich bin ruhig, und nichts stört mich. Ich bleibe immer ganz ruhig. Körper und Seele sind eins. Ich atme jetzt ganz tief und ruhig. Ich atme stark und ruhig – und nichts stört mich. Weil ich stark bin. Immer, wenn ich ein-und ausatme, füllen sich alle Organe, alle Zellen meines Körpers und meine Seele mit Ruhe und Stärke. Meine Gedanken strömen mit dem Atem stark und ruhig, ganz stark, ganz ruhig.
Mein Unterbewußtsein tut alles für mein Leben. Alles, was ich brauche, alles, was ich bin, ist stark und ruhig in mir. Mein Unterbewußtsein, meine Seele erfüllt mich mit Wärme und Ruhe. Ich atme mit Ruhe. Ich atme Ruhe und Wärme. Meine Seele

atmet mit mir Ruhe und Wärme. Ich atme mich ruhig und warm. Immerzu, Tag und Nacht. Jeder Atemzug macht mich ruhig. Nichts stört mich mehr, weil ich ruhig und stark atmen kann. Ich atme Ruhe. Ich fülle mich mit Ruhe. Alle meine Muskeln, alle meine Organe, alle meine Nerven sind ruhig durch Atmen. Ich atme ruhig und stark, von der Brust bis zum Bauch. Tief und warm. Ruhig und warm.

Ich bleibe in Zukunft immer ganz ruhig und entspannt. Ich atme ruhig und bleibe ganz ruhig. Meine Nerven bleiben ruhig. Mein Atem gibt mir Ruhe. In allen Lebenslagen. Immer ganz ruhig. Nichts stört mich mehr. Der Atem macht mich ruhig und warm. Ganz gleich, wo ich bin, ganz gleich, was ich tue, ich bleibe jetzt immer ruhig.

Nichts stört mich mehr. Ich atme Ruhe. Ich bleibe immer völlig ruhig und entspannt. Entspannt und locker. Mein ganzer Körper, meine Nerven sind ganz locker. Ganz warm und locker.

Immer, wenn ich mit anderen spreche, bleibe ich ruhig und entspannt. Auch wenn ich allein bin, bleibe ich ruhig und entspannt. Meine Muskeln, meine Nerven, mein Gehirn sind immer ganz ruhig. Nichts regt mich mehr auf. Nichts stört mich. Ich gebe mir Kraft. Ich gebe mir Kraft. Ich bin stark und gebe mir Kraft.

Jetzt ist es genug: Zeit zum Schlußmachen

Sie wissen ja bereits: Fünfzehn bis zwanzig Minuten für eine komplette Übung sind genug. Grundübung (3. Kapitel) und angehängte spezielle Übung – hier »Schluß mit Nervosität« – sind so aufgebaut, daß man in dieser Zeit alle Formeln hinreichend ruhig sprechen und oft genug in sich gekehrt wiederholen kann. Die verinnerlichte, eindringliche und dennoch monotone Wiederholung ist ein Teil der Methode, die zum Erfolg führt.

Sie machen alles richtig: Ihre Einrede ist langsam, voller Pausen und Verinnerlichung. Sie wiederholen die wichtigsten Worte und Sätze immer wieder. Worte, die Ihnen aus dem hier abgedruckten Text nicht gefallen, ersetzen Sie durch Ihre eigenen. Kommen Sie mit der Zeit nicht aus, dann kürzen Sie bei Ihrem nächsten Training einfach an einer Stelle, von der Sie selbst das Gefühl haben, daß Sie sich das leisten können.

Beim Autogenen Training ist es so wie in allen anderen Lebensfragen: Zu viel des Guten ist schädlich. Deshalb versuchen Sie,

die Zeit von 15 bis 20 Minuten möglichst bald und möglichst genau in den Griff zu bekommen. Bitte schauen Sie nicht auf die Uhr. Bitte stellen Sie auch keinen Wecker, der Sie klingelnd oder schnarrend aus Ihrer Verinnerlichung reißt. Verabreden Sie mit Ihrem Partner ein sanftes Zeichen: Das leise Öffnen einer Tür, das Aufziehen eines Vorhangs, das Einschalten eines gedämpften Lichts hinter der Tür oder in einer Zimmerecke.
Und nun beenden Sie bitte in aller bereits gewohnten Ruhe Ihre Übung mit den Schlußformeln, indem Sie, wie auf Seite 45 vorgeschlagen, von eins bis fünf zählen, sich aus der Verinnerlichung herauslösen und wieder den ganz persönlichen Wachzustand anstreben.

Hier geht es um Ihre ganz spezielle Nervosität

Sie kennen jetzt eine ganz wunderbare, komplette Übung, mit der Sie Ihre Nervosität sehr wirksam überwinden können. Sie sind vertraut mit der Methode und wissen, daß Sie mit vollem Recht auf die Besserung und Heilung Ihrer Beschwerden rechnen können.
Nun ist aber die Nervosität nicht bei jedem Menschen dieselbe. Den einen packt die Nervosität ganz besonders am Herzen, das ihm dann bis zum Halse klopft. Der nächste kann schlecht schlafen. Ein dritter bekommt Magenweh, wenn er nervös wird. Manche futtern vor Nervosität den ganzen Tag, andere bekommen keinen Bissen hinunter. Der eine verkrampft sich in seiner Nervosität so sehr, daß er eine Verstopfung bekommt. Manche Nervöse werden hektisch – manche schlucken die aufsteigende Nervosität hinunter und werden ganz still und depressiv, bis sie »platzen«.
Sie wissen selbst am allerbesten, wie sich Ihre persönliche Nervosität bei Ihnen äußert, worunter Sie am meisten leiden. Nicht nur die Erscheinungsbilder der Nervosität sind verschieden. Vielfältig sind auch die Ursachen. Sie kennen auch Ihre Ursachen am allerbesten und haben mit Hilfe der Liste der »Risikofaktoren« auf Seite 51–52 wichtige Wurzeln des Übels freigelegt.
Mit allem, was Sie über Ihre persönliche Nervosität jetzt wissen, sind Sie viel schlauer, als es der Autor eines Buches jemals sein kann. Sie sind in der Lage, in Ihre tägliche Übung Worte und Sätze einzubauen, die Ihnen zusätzlichen Nutzen bringen. Dazu

jetzt die folgenden Anregungen: Sie bauen zusätzliche Formeln, die auf Ihre ganz persönliche Nervosität zugeschnitten sind, niemals in die Grundübung (Kapitel 3) ein, sondern immer in den speziellen Teil »Schluß mit Nervosität«, wie er auf den Seiten 54 bis 56 dieses Kapitels abgedruckt ist.
Sie basteln an Ihrer Spezial-Übung erst dann herum, wenn Sie sich Ihrer Sache mit der Grundübung ganz sicher sind. Sie machen nicht jeden Tag etwas Neues, sondern überlegen sich vorher ganz genau, welche Variante für Sie so wichtig ist, daß Sie den vorgeschlagenen Text wirklich abändern wollen. Sie machen kein Gulasch von vielen Redensarten. Sondern Sie prägen nur eine einzige, höchstens zwei zusätzliche Formeln für Ihre ganz spezielle Nervosität. Denn Sie wissen ganz genau, daß die immer wiederkehrende, verinnerlichte, fast monotone Wiederholung zum Erfolg führt.
Sie bauen einen ganz einfachen, kurzen Satz.
Sie sagen immer alles positiv und niemals so, daß Sie sich dabei unwohl fühlen oder sich ängstigen. Beispiel: »Ich will keine Angst mehr haben« oder »Ich darf nicht mehr mit meinem Chef streiten« sind Verbotsformeln, die nicht beruhigen. Solche Redensarten kommen bei Ihnen nicht vor, weil Sie die Methode zur erfolgreichen Selbsteinrede richtig verstanden haben.
Gute, passende Redensarten zum Einbauen in Ihre spezielle Übung finden Sie vielleicht am leichtesten, wenn Sie sich in aller Ruhe auch die nächsten Kapitel durchlesen, in denen andere Beschwerdebilder behandelt werden.
Ebenso sicher finden Sie die richtigen Worte, wenn Sie von der Frage ausgehen, wo denn die Nervosität bei Ihnen eigentlich ihren Anfang nimmt oder/und ihren Höhepunkt erreicht:

- Wenn Sie morgens zerschlagen sind und nicht auf Trab kommen: »Der Schlaf macht mich stark, und ich bin morgens froh und frei. Ruhig und frei.«
- Wenn Sie früh appetitlos sind: »Ich bin morgens froh und frei und genieße mein Frühstück.«
- Wenn Sie unzufrieden mit Ihrem Job sind: »Ich schaffe meine Arbeit ganz ohne Schwierigkeiten, wunderbar leicht. Ich bin stark und ruhig und schaffe meine Arbeit. Nichts regt mich auf.«
- Wenn Sie sich nicht konzentrieren können: »Ich bin stark und aufmerksam. Ruhig und aufmerksam. Nichts lenkt mich ab.«
- Wenn Sie mehr Kontakt zum Partner dringend nötig haben: »Ich bin ruhig und frei und liebe meinen Mann (meine Frau, mein Kind, meinen Paul, meine Inge usw.)«.
- Wenn Sie abends nicht zur Ruhe kommen: »Ich werde abends

ganz wunderbar ruhig. Der Abend ist ruhig, und ich gehe ruhig schlafen.«
Wenn bei Ihnen die Dinge noch etwas anders liegen, dann wissen Sie jetzt recht genau, wie Sie sich Ihren ganz persönlichen Satz erfolgversprechend zurechtbasteln können.

Wenn das Leben schöner wird

Sie haben mit dem Autogenen Training ausgezeichneten Kontakt zu Ihrem Innenleben bekommen. Sie besitzen bald ein intensiveres Körpergefühl als andere Leute. Sie betreiben mit Ihrem Wissen und Wollen Werbung nach innen und überreden Ihre Organe, doch bitte sehr, besser zu arbeiten.
Eines Tages werden Sie das Gefühl bekommen, daß Ihnen die Organe »Antwort« geben. Es kann durchaus sein, daß das, was die Organe Ihnen sagen werden, nicht nur angenehm ist. Hören Sie also bitte gut zu, wenn Sie eines Tages die »innere Stimme« empfinden. Da kommen dann sehr intime Dinge zur Zwiesprache. Zum Beispiel, daß Sie zu viel und zu oft Alkohol trinken, zu viel qualmen, zu stark essen, sich zu wenig bewegen, sich zu selten ab- und zu oft aufregen, keine körperlichen Anstrengungen vollbringen oder zu wenig schlafen.
Diesen Intimkontakt zum Innenleben sollten Sie nicht abbrechen. Würden Sie auf die Organsprache überhaupt nicht eingehen, würden Sie eine tolle Chance verpatzen.
Es wäre fabelhaft, den seit Jahren oder Jahrzehnten ganz schön gestreßten Organen den einen oder anderen Dienst zu erweisen. Sie haben es verdient. Denn im großen und ganzen haben sie sich als treu und gutmütig erwiesen.
Die menschlichen Organe ertragen tatsächlich die täglichen Sünden über eine unglaublich lange Zeit.
Es gibt eine Vielzahl von Möglichkeiten, dem Innenleben einen Dienst zu erweisen. Zu unserer Form des Autogenen Trainings passen alle Maßnahmen, die dem einzelnen Spaß machen. Es hat keinen Zweck, Ihnen jeden Abend einen Dauerlauf ums Haus zu verordnen, wenn Sie die Maßnahme als vollkommen stupide empfinden (obwohl tatsächlich ein Dauerlauf eine wunderbare Sache ist, was Sie ja schon lange wissen). Sie sollten aber wirklich, gemeinsam mit Ihrem Partner, darüber nachdenken, welche Art von Bewegung und Anstrengung Sie sich selbst für die Zukunft täglich verschreiben wollen.

Ein paar Beispiele: Sie könnten sich einen Spaß daraus machen, im Büro nie mehr den Fahrstuhl zu benutzen. Sie laufen ganz einfach die paar Treppen hinauf und hinunter. Und zwar so schnell es geht. Oder Sie legen den Weg zur Bahn oder zum Bus im Eiltempo zurück. Sie können einmal in der Woche kegeln gehen. Vielleicht haben Sie Platz, eine Tischtennisplatte in Ihrer Wohnung aufzustellen. Oder versuchen Sie es doch mit einem wöchentlichen Saunagang. Würden Sie sich womöglich in einem Sportverein wohl fühlen? Wäre wöchentliches Schwimmen für Sie das richtige? Oder würde Ihre ganze Familie an Wochenenden eine Radpartie unternehmen, statt mit dem Auto ins Grüne zu fahren? Alles paßt nicht für jeden, aber jeder kann etwas Passendes finden.
Sie wissen: Täglich eine körperliche Anstrengung ist wichtig. Nach einer täglichen körperlichen Anstrengung können sich überspannte Nerven besser abregen.
Die Frage ist: Wie groß und wie lang soll die Anstrengung sein? Das richtige Maß kann jeder Mensch ganz leicht herausfinden, entsprechend seinem Lebensalter und seinem Gesundheitszustand. Kein Mensch ist zu alt für eine Anstrengung. Nicht einmal der Siebzigjährige.
Das richtige Maß erreicht man, wenn man mit offenem Mund deutlich etwas schneller als üblich atmet, wenn man an der Stirn oder im Nacken ganz leicht zu schwitzen beginnt und wenn der Puls statt 70- oder 80mal in der Minute 100- oder 120mal schlägt.
Ist das Ziel der Übung erreicht, soll man die körperliche Anstrengung beenden. Ehrgeiziges Über-Training, gewaltsames »Trimm Dich« ist schädlich. Ein alter Mensch hat sich nach längerer Krankheit durchaus angestrengt, wenn er eine Treppe gestiegen ist oder einen längeren Spaziergang gemacht hat.
Selbstverständlich müssen organisch Herzkranke ihre zumutbare Anstrengung mit dem Arzt besprechen.

Reizen Sie Ihren Körper und Ihre Nerven

Seit wir zu Hause und am Arbeitsplatz fast alle Zentralheizung und Warmwasser haben, sind dem Körper mit allen seinen Organen einschließlich der Nerven viele Körperreize verlorengegangen. Wir schlafen zu warm und sind irrigerweise der Ansicht, daß im Wohnzimmer mindestens 22 Grad Wärme herrschen müs-

sen. Wir fahren im beheizten Auto. Die Klima-Anlage im Büro spuckt überwärmte »Konserven-Luft«.
Die Nerven in der Haut verkümmern. Sie geben keine Signale mehr an die Nervenzentrale. Das führt zu nervlichen Verspannungen. Jede Straße, jeder Schienenstrang, jedes Blutgefäß, jeder Nervenfaden verödet, wenn er nicht genutzt und gepflegt wird. Mit den Nerven hat es außerdem noch eine ganz besondere Bewandtnis:

- Nerven sind immer Einbahnstraßen. Ein Nerv, der darauf eingerichtet ist, Reize aus der Natur, also von draußen, zu empfangen und an die Zentrale weiterzugeben, sendet immer nur nach innen. Ein anderer Nerv daneben erhält seine Signale immer nur von der Zentrale. Es gibt Sende-Nerven und Empfänger-Nerven. Fühler und Macher. Bleiben die Fühler ungenutzt, reagieren die Macher gar nicht oder falsch.

- Nerven »erneuern« sich nicht. Während alle übrigen Zellen des menschlichen Körpers binnen Tagen (weiße Blutzellen), Monaten (rote Blutzellen) oder Jahren (Muskelzellen) gegen immer neue Zellen ausgetauscht werden und dann ohne Schaden für den Menschen absterben können, bleiben Nervenzellen lebenslang dieselben. Ein abgestorbener Nerv bleibt kaputt. Allerdings können eingeschlummerte Nerven wieder aktiviert, überanstrengte Nerven wieder beruhigt werden.

Wir haben also allen Grund, mit den Nerven als ein unersetzbares Gut besonders sorgfältig umzugehen.
Und wir wissen jetzt, daß Nerven gereizt werden müssen. Sie brauchen Anspannung, um abspannen zu können.
Ganz fabelhafte Reizmittel für das äußere Nervenkostüm in unserer Haut sind Klima und Wasser. Im Wechsel von Wärme und Kälte, Nässe und Trockenheit, Sonne und Regen fühlen sich die Hautnerven wohl und leiten reichlich kräftige Signale an die Nervenzentrale weiter.
Wer früh nur eine einzige Minute barfuß im nassen Gras laufen kann, erweist seinen Nerven einen großen Dienst. Aber der Stadtmensch kann es meist nicht. Wer bei Regen und Schneetreiben genau wie beim schönsten Sonnenschein einen strammen Marschiergang täglich macht, erreicht das gleiche. Das kann man überall. Hier nur einige Übungen, die wirklich jeder immer und überall machen kann:
Morgens: Mit kaltem Frotteelappen von unten bis oben den ganzen Körper abwaschen. Reihenfolge: Rechtes Bein von der Fußsohle bis zur Leistenbeuge, dann linkes Bein. Rechter Arm von

den Fingern bis zur Achsel, dann linker Arm. Von Po und Hüfte hinauf, vorn und hinten bis zum Nacken. Dann Hals und Kopf.
Variante: Unter warmer Dusche mit zwei Naturhaarbürsten den ganzen Körper abschrubben (Reihenfolge genau wie beim Frottieren), dann mit kalter Dusche von unten nach oben hinterher – bis zu den Kniekehlen, bis in die Leistenbeuge oder bis hinauf zum Nacken. So hoch, wie es dem einzelnen angenehm ist. (Merke: Durch tägliche Übung kommt man ganz ohne unangenehme Gefühle allmählich immer höher.)
Zum Feierabend: In der Badewanne bis zu den Waden 1 Minute lang in kaltem Wasser stapfen. Die beruhigende Wirkung kann man noch verstärken, wenn man entweder die nassen Füße fest in ein Laken und eine warme Wolldecke wickelt und dann 15 Minuten auf der Couch liegt – oder wenn man auf die nassen Füße ein Paar Wollsocken und die Schuhe zieht und sich draußen 10 Minuten lang kräftig trockenmarschiert. (Merke: Die Füße müssen gut warm sein, bevor man im kalten Wasser stapft.)
Variante: Warm-kaltes Wechselfußbad in zwei Eimern. Zuerst 2 bis 3 Minuten lang bis zu den Waden im Warmwasser (ca. 40 Grad). Danach 30 Sekunden lang bis zu den Waden im Kaltwasser. Die Prozedur kann man ein- oder zweimal wiederholen.
Vor dem Schlafengehen : Arme im Waschbecken bis zu den Ellenbogen 1 Minute lang im kalten Wasser ruhen lassen. Dann herausnehmen und 1 Minute lang mit beiden Armen so weit wie möglich langsam nach vorn und nach hinten »pendeln«.
Variante: Einmal in der Woche statt Armbad eine Minute lang ein kaltes Sitzbad bis zum Nabel (in der Wanne).
Noch eine Variante: Einmal in der Woche ein warmes Beruhigungsvollbad mit einem kräftigen Zusatz von Hopfen oder Heublumen. Die Badezusätze gibt es in Apotheken, Drogerien und Reformhäusern.

Abwarten und Tee trinken

Diese uralte Redensart kennen Sie bestimmt. Sie deutet darauf hin, daß unsere Vorfahren Tee zur Beruhigung getrunken haben. Schwarzer Tee kann das nicht gewesen sein, denn der macht munter. Wir modernen Leute haben uns allzu leichtfertig und etwas überheblich über die alten Hausmittel unserer Großmütter hinweggesetzt. Viele kennen sie nicht mehr. Auch Ärzte kennen sich damit nicht mehr aus. Schade. Ich will Ihnen nicht weismachen, daß man hochgradige Nervosität ganz und gar heilen kann, wenn man nur mal Kräutertee trinkt. So einfach ist die Sache nicht.

Aber Sie kennen jetzt Ihr Autogenes Training und tun damit schon sehr viel für Ihre Nerven.

Sie ziehen noch ein paar andere Register zur nervlichen Kräftigung: Indem Sie sich täglich einmal etwas anstrengen und sich morgens kalt abfrottieren und nach Feierabend im kalten Wasser treten und abends vor dem Schlafengehen die Arme bis zu den Ellenbogen kurz ins kalte Wasser stecken.

Und nun kaufen Sie sich in der Apotheke, in der Drogerie oder im Reformhaus noch einen Frischpflanzensaft – und zwar für die Nerven Johanniskrautsaft. Davon nehmen Sie zwei- oder dreimal täglich einen Schluck nach der Vorschrift, wie sie auf der Flasche steht. Außerdem kaufen Sie sich trockenes Johanniskraut und setzen Ihrem Tee jedesmal eine Prise Johanniskraut zu. Das verdirbt den Geschmack überhaupt nicht.

Noch besser: Sie gewöhnen sich an, abends als Feierabendgetränk eine ganze Thermoskanne voll Kräutertee zu trinken. Die richtige Mischung: Zwei Fingerprisen Pfefferminze (für den Geschmack), zwei Fingerprisen Johanniskraut, je eine Prise Melisse und Thymian. Sie süßen das Getränk mit Honig oder (wenn Sie Übergewicht haben) mit Süßstoff.

So wird der Tee zubereitet: Die Zutaten in einen Topf. 3/4 Liter Kochendwasser darüber. Deckel darauf. 15 Minuten ziehen lassen. Durchs Sieb in die Thermosflasche füllen. Über den Abend verteilt trinken.

Reichlich Flüssigkeit schadet nichts. Flüssigkeit durchspült, fördert die Ausfuhr von Körperschlacken, verdünnt das Blut und dient der Sauerstoffzufuhr.

Sie können getrost jeden Abend zwischen Hauptmahlzeit und Bett einen halben Liter Flüssigkeit trinken. Auch Mineralwasser hat eine günstige Wirkung auf das Nervenkostüm. Die Mineralien sind »Nervennahrung«.

Lassen Sie sich nicht einreden, daß Bier »schädlich« ist. Es ist ein ganz wunderbares, gesundes Getränk. Nur hat es leider hohe Nahrungsmittel-Qualität und macht Ihnen zu schaffen, wenn Sie unter Übergewicht leiden. Trinken Sie deshalb nur gelegentlich Bier – und nicht täglich.

Mit dem Wein ist es ähnlich. Wenn Sie Weintrinker sind, gewöhnen Sie sich einfach an, ihn so weit wie möglich mit Mineralwasser zu verdünnen. Die geringere Alkoholmenge und die gesparten Nährstoffe dienen der körperlichen und nervlichen Entlastung. Sie fragen vielleicht, was denn Übergewicht mit den Nerven zu tun haben kann. Ganz einfach: Verdauungsarbeit ist für den Körper Schwerarbeit. Immerzu versucht der Körper, abgelagertes Fett wieder abzubauen. Der Blutstrom wird, auch während der Nachtruhe, entsprechend gelenkt. Die Nerven bekommen entsprechend weniger Versorgungsblut. Und können sich nicht erholen.

Mit solchen Fehlfunktionen machen Sie in Zukunft Schluß. Sie sind jetzt vollkommen in der Lage, Ihre Nerven zu pflegen und in allen Lebenslagen ruhig, kräftig und gesund zu erhalten.

5. Schluß mit Schlafstörungen

Praktizierende Ärzte schätzen, daß ungefähr jeder vierte Erwachsene und schon eine stattliche Anzahl Jugendlicher unter Schlafstörungen leiden. Ständiger Schlafmangel ruiniert mit Sicherheit die Gesundheit. Ärzten fällt zur Besserung von Schlafstörungen nichts Besseres ein als die Verschreibung von Schlaf- und Beruhigungsmitteln. So wird das »Symptom« (der fehlende Schlaf) künstlich beseitigt. Aber die Wirkung ist nur kurzzeitig, die Ursache der Beschwerden wird nicht ausgeräumt.

Das ist auch gar nicht so einfach. Es gibt viele Ursachen für Schlafstörungen. Sie sollten jetzt versuchen, über die möglichen Ursachen selbst – und wenn möglich, mit Ihrem Partner – nachzudenken. Es wäre fabelhaft, die Hintergründe der Beschwerden herauszufinden, weil wir sie dann mit entsprechenden Formeln des Autogenen Trainings direkt bekämpfen könnten.

Sie nehmen sich fest vor, gleich heute abend oder morgen mit Ihrem Partner ausführlich über mögliche Ursachen Ihrer persönlichen Schlafstörungen zu sprechen. Denn Sie machen jetzt Schluß mit diesem Übel.

Sie lesen aber vorher das ganze Kapitel in Ruhe durch, damit Sie alles Geschriebene und alle Vorschläge beim Nachdenken berücksichtigen können.

Schlafstörungen sind ganz und gar nicht immer dasselbe. Sie können in vielerlei Verkleidung auftreten:

- *Als Einschlafstörungen:* Der Leidtragende liegt ewig lange wach, bevor er Ruhe findet. Wer länger als eine halbe Stunde zum Einschlafen braucht, sollte den Schlaf bereits fördern.
- *Als Durchschlafstörungen:* Der Betroffene schläft zwar mehr oder weniger »normal« ein, wird aber während der Nacht oder viel zu früh am Morgen wach und wälzt sich dann halbwach oder hellmunter herum. Wer regelmäßig oder mehr als einmal wöchentlich solche Störungen hat, sollte den Schlaf ebenfalls fördern.

- *Als Flachschlafstörungen*: Der Patient schläft zwar ordentlich ein und halbwegs durch – aber er wirft und wälzt sich, träumt viel oder schrickt zwischendurch auf und ist morgens nicht erholt und munter. Wer oftmals morgens zerschlagen ist, muß unbedingt den erholsamen Tiefschlaf fördern.
- *Als kombinierte Schlafstörungen:* Der Mensch leidet an zwei oder drei verschiedenen der genannten Störungen gleichermaßen. Das ist dann bereits eine regelrechte Krankheit, die sich so sehr im Schlafzentrum des Gehirns festsetzen kann, daß ernste Schäden entstehen, wenn keine Änderung eintritt.
- *Als Schlafmangel:* Viele Leute gehen einfach zu spät ins Bett. Sie sitzen zu lange am Fernseher, lesen oder diskutieren zu lange. Sie glauben, daß sie mit 6 oder 7 Stunden auskommen. Selbstverschuldeter Schlafmangel ist eine schwere Sünde gegen die Gesundheit. 8 bis 9 Stunden Schlaf sollte jeder Erwachsene anstreben.

Streichen Sie jetzt mit dem Bleistift an, welche Art von Schlafstörungen für Sie zutrifft. Es wird Ihnen bei Ihrem Autogenen Training sehr zustatten kommen.

Die Ursachen der Schlafmangel-Krankheit

Ganz lapidar gesagt ist Schlaf die konzentrierteste Form der Erholung. Sie kann nicht einfach durch Sitzen oder waches Herumliegen ersetzt werden. Weil der Schlaf in unserer durch Anregungen überfütterten und an Abregungen armen Welt nicht ernst genug genommen wird, sollten Sie sich klarmachen, was im Schlaf eigentlich passiert:

Wenn der Mensch schläft, erschlaffen die Muskeln. Die Stoffwechselschlacken der Muskelbewegungen – vor allem Milchsäure – werden abgebaut. Damit werden die Muskeln wieder fit, um am nächsten Tag ihre Arbeit voller Frische aufzunehmen. Das Körpergefühl der muskulären Zerschlagenheit entsteht, wenn die Muskulatur ihre Schlacken nicht ausreichend abbauen kann.

Als nächstes beruhigen sich die Nerven. Im nervlich reizlosen Zustand des Schlafes funktionieren vornehmlich die vom Willen des Menschen abhängigen Nerven auf Sparflamme. Auch die automatischen, vom Willen unabhängigen Steuerungssysteme (z. B. der Atmung, der Darmbewegung usw.) arbeiten langsamer. In der Nervenzentrale tritt eine Erholungsphase ein, die man am

ehesten mit dem Nachtbetrieb in einer Telefonzentrale vergleichen kann.
Herzrhythmus, Kreislauf, Blutdruck, Verdauung, Atmung arbeiten im Einvernehmen mit der autonomen Nervenzentrale ruhiger. Die Organe werden weniger strapaziert. Sie besitzen die Fähigkeit, sich im Leerlauf zu erholen. Da der menschliche Organismus kein Auto ist, das man vollkommen abschalten kann, sondern ein lebenslanger Dauer-Läufer, ist die erholsame Leerlauf-Phase sehr wichtig, damit unnötiger Verschleiß vermieden werden kann.
Die Folgen des Schlafmangels kann kein Mediziner umfassend beschreiben. Sie können irgendein Organ regelrecht krank machen oder mehrere und sogar zum vorzeitigen Tod führen. Da kein Mensch vorher genau weiß, wie lange er ohne Schlafdefizit leben würde, bleiben Überlegungen dieser Art immer theoretisch. Interessant ist deshalb eine Untersuchung amerikanischer Wissenschaftler:
Sie haben herausgefunden, daß der erwachsene Mensch trotz aller hygienischen, kulturellen und wissenschaftlichen Fortschritte nur etwa dreimal so lange lebt, wie er für sein körperliches und geistiges Wachstum benötigt hat. Rechnen wir der Einfachheit halber für dieses Wachstum 20 Jahre, dann bleiben ihm also noch ungefähr 60 Jahre übrig.
Bei Tieren wurde festgestellt, daß sie im Verhältnis zwischen Wachstum und Erwachsenenalter um so länger leben, je länger sie schlafen! Ein besonders günstiges Verhältnis-Alter erreichen Tiere, die entweder 12 Stunden täglich schlafen oder sogar längere Schlafperioden (z. B. Winterschlaf) durchmachen. Beobachtungen bei Bären, Nagetieren, Fischen brachten ans Licht, daß sie das vier- bis sechsfache Erwachsenenalter (nach Art und Schlafdauer verschieden) im Verhältnis zu ihrer Wachstumszeit erreichen.
Die Mutmaßung der Wissenschaftler, daß wir bei mehr Schlaf erheblich länger leben könnten, ist sehr ernst zu nehmen. Man könnte es ja probieren. Denn Schlafen ist schön.
Man kann Schlafmangel nicht einfach mit Nervosität gleichsetzen. Es kommt zwar vor, daß man vor lauter Nervosität nicht schlafen kann. Umgekehrt kann man durch Schlafmangel auch erst nervös werden.
Schlafmangel-Leidende sind oft abgehetzt und aufgekratzt. Oder sie sind vollkommen depressiv und apathisch.
Manche Leute bringen trotz ständigen Schlafmangels im Beruf beträchtliche Leistungen. Aber viele sind vergeßlich, können sich nicht konzentrieren, sind zu keiner schöpferischen Leistung fä-

hig, bekommen leicht Streit und haben Mißerfolge, auch in der Zweisamkeit zwischen Frau und Mann. Sie wollen sich jetzt eine Liste mit den Schlafmangel-Faktoren anfertigen. Nehmen Sie dazu Ihren Partner zu Hilfe. Streichen Sie an, was für Sie auch nur annähernd zutrifft.

- Ich schlafe bis zu 7 Stunden (zuwenig).
- Ich schlafe 8 Stunden oder mehr (genug).
- Ich esse eine kräftige oder Hauptmahlzeit 4 Stunden vor dem Schlafengehen (richtig) bzw. 3 Stunden oder weniger vor dem Schlafengehen (falsch).
- Ich nasche zwischen Abendessen und Schlafengehen (egal, was: immer falsch. Als Ausnahme erlaubt: etwas frisches Obst).
- Ich trinke zwischen Abendessen und Schlafengehen Alkohol: niemals (gut), einmal wöchentlich (gut), mehrmals wöchentlich (schlecht), täglich (schlecht).
- Meine mehrmals wöchentliche oder tägliche Alkoholmenge ist 1/2 Liter Bier oder 1 Glas Wein oder 1 Schnaps (harmlos) 1 Liter Bier oder 1/2 Flasche Wein oder 3 bis 4 Schnäpse. (Ich will die Menge reduzieren). 2 Liter Bier oder 1 Flasche Wein oder 5 oder mehr Schnäpse. (Ich nehme mir den Abschnitt über Alkohol in diesem Buch gesondert vor (Seite 150 ff.).
- Ich rauche überhaupt nicht (wunderbar), bis zu 5 Zigaretten bzw. 1 bis 2 Pfeifen oder Zigarren (unbedenklich), bis zu 10 Zigaretten (auf »Leichtzigaretten« übergehen!), mehr als 10 Zigaretten täglich. (Ich nehme mir den Abschnitt über Nikotin in diesem Buch gesondert vor; Seite 153 ff.).
- Weitere Faktoren, die meinen Schlaf negativ beeinflussen: täglich mehr als 2 Stunden fernsehen bzw. laut Radio hören, kein abendlicher kräftiger Marschiergang, zu warmes Schlafzimmer (mehr als 18 Grad), fehlender Arbeits- bzw. Familienfrieden, finanzielle Sorgen.
- Ich bin irgendwie mit meiner Gesundheit unzufrieden (Schmerzen, Schwäche, Konzentrationsmangel, Vergeßlichkeit, Angst).

Sie wollen auf jeden Fall einen besseren, erholsamen, erquickenden Schlaf finden. Deshalb entschließen Sie sich jetzt, den einen oder andern Störfaktor zu beseitigen oder abzuschwächen. Das wird manchmal ganz leicht sein. Bitten Sie aber Ihren Partner, Ihnen dabei zu helfen. Er möchte Sie darauf aufmerksam machen, wenn Sie wieder in liebgewordene, langjährige Fehler zurückfallen. Sie werden ihn dafür nicht tadeln, sondern loben.
Sie möchten jetzt mit Autogenem Training Ihre Schlafstörungen beseitigen und wissen ganz genau, daß es Ihnen gelingen kann.

Natürlich wollen Sie die Übungen unterstützen, indem Sie weitere Lebensregeln einführen, von denen Sie überzeugt sind und die Ihnen auch Spaß bereiten. Sie wollen zum Beispiel darüber nachdenken, ob für Sie gymnastische oder sportliche Übungen, schlaffördernde Bäder oder Kräutertees in Frage kommen, die Ihnen am Ende dieses Kapitels vorgeschlagen werden.
Sie wissen, daß Schlaf- und Beruhigungsmittel grundsätzlich die Fähigkeit des Körpers herabsetzen, selbst einen wunderbaren, erholsamen Ruhezustand zu finden. Sie werden Tabletten oder Tropfen absetzen, weil Autogenes Training die »Krücken«, auf denen Sie laufen, unnötig macht. Ihr Bewußtsein, Ihr Wille können nur wirkungsvoll in das Unterbewußtsein eindringen, wenn das Innere nicht mit Schlafmitteln betäubt wird. Mit einem betäubten Innern läßt sich kein Zwiegespräch führen.
Wenn Sie schon jahrelang von Medikamenten abhängen, dann nehmen Sie die Medizin nur noch in der ersten Woche Ihrer Übungen im gewohnten Umfang. Danach reduzieren Sie nach Rücksprache mit dem Fachmann die Dosis von Woche zu Woche um ein Viertel. Schließlich steigen Sie auf harmlose Baldriantropfen um und verringern auch deren Menge von Woche zu Woche. Sie wissen, daß beim Aussteigen aus der »Pillensucht« für ein paar Tage Schlafstörungen auftreten können. Die sind aber ein deutliches Zeichen dafür, daß ihr Unterbewußtsein jetzt nicht mehr künstlich eingeschläfert wird, sondern bereit ist, Kontakt mit Ihrem Willen aufzunehmen. Das Unterbewußtsein, das Schlafzentrum, wird bald auf Ihren Willen hören und reagieren und Ihnen ganz von selbst den erwünschten Schlaf schenken. Sie befinden sich alsbald im Einvernehmen mit Ihrem Schlafzentrum.
Sie sind durch den Bleistift-Anstrich in der Tabelle und im Gespräch mit Ihrem Partner darauf gekommen, daß Sie schon mehr oder weniger lange Ihr Schlafzentrum ganz schön strapaziert haben. Ihr Bewußtsein und Ihr Unterbewußtsein sind ungewollt (und unbemerkt) in einen Konflikt geraten, den Sie jetzt lösen werden. Dazu gehört, daß Sie Ihrem Schlafzentrum die Kraft zutrauen, Sie alsbald in den erwünschten, erholsamen Schlafzustand zu versetzen. Sie werden es nicht mehr mit Tabletten bombardieren.
Sie wissen, daß Sie stark genug sind, mit Wissen und Wollen auf das Schlafzentrum einzuwirken. Sie werden aber keine Gewalt anwenden, sondern zwischen Ihrem Bewußtsein und dem Innenleben einen Zustand des Einvernehmens und des Vertrauens herstellen. Weil Sie stark genug dafür sind. Sie werden sich bemühen, auf Ihrem Innenleben nicht mehr so oft und so hart herum-

zuhacken. Weil Sie sich ja nicht selbst ruinieren wollen. Weil der Mensch nur im Einvernehmen zwischen Bewußtsein und Seele gesund leben und gut schlafen kann.
Sie haben die notwendigen vertrauensvollen Kontakte vollkommen begriffen, weil sie ganz einfach und logisch sind. Sie lassen sich auch von Dritten nicht mehr aus der Ruhe bringen, wenn die Ihnen mit sinnlosen Trinkereien, Völlereien oder todsicheren Rezepten und Erklärungen kommen. Sie räumen zwar ein, daß es viele Wege gibt, die nach Rom führen. Aber Sie finden jetzt, daß Ihr Autogenes Training ein möglicher, ganz ausgezeichneter Weg zum ersehnten Schlaferfolg ist. Und deshalb bleiben Sie konsequent dabei und erreichen Ihr Ziel in kurzer Zeit.
Sie wollen sich nun zu der Ihnen bereits bekannten Grundübung für alle (Kapitel 3) die spezielle Zusatzübung »Schluß mit Schlafstörungen« aneignen. Die werden Sie, wie schon gewohnt, zuerst einmal in Ruhe durchlesen. Störende Worte werden Sie streichen und durch eigene Worte oder Sätze austauschen. Sie wissen auch, daß alle Ihre autosuggestiven Sätze langsam gesprochen werden, damit sie in Ruhe in Ihr Inneres eindringen können. Sie haben sich bereits für die Methode Ihrer Wahl entschieden: Entweder sprechen Sie die Formeln selbst in sich hinein, oder Sie lassen sie von Ihrem Partner sprechen. Oder Sie verwenden ein selbstgefertigtes Tonband. Oder Sie bestellen die fertige Kassette (vgl. hierzu die Fußnote auf Seite 19).

Das ist der Text, den Sie für besseren Schlaf brauchen

Der folgende Text wird zur Behandlung von Schlafstörungen auf Seite 41 bei dem Zeichen × an den Grundtext angehängt.

Alles in mir ist jetzt schwer und wird müde. Wohltuende Müdigkeit, wunderbare Ruhe und Müdigkeit hat meinen ganzen Körper erfaßt. Alle meine Muskeln und Nerven sind ruhig, schwer und müde. Meine Muskeln sind müde, sind zur Ruhe gekommen und gehen nun schlafen. Der ganze Körper wird nun schlafen. Immer tiefer und tiefer. Und nun gehen auch alle meine Gedanken schlafen. Alles Denken und Grübeln ist jetzt völlig unwichtig. Alles Grübeln ist vollkommen unwichtig und geht schlafen.

Nichts stört mich mehr. Ich höre nur noch die Stimme, nur noch die Stimme. Alles andere ist jetzt völlig unwichtig und geht schlafen. Alles in mir wird nun schlafen. Meine Muskeln, meine Nerven, meine Gedanken werden wunderbar schlafen. Ich gleite in einen wunderbaren, erholsamen Schlaf. Ich bin in einem wunderschönen Ruhezustand. Ruhe und Schlaf umgeben meinen ganzen Körper wie ein weiter Mantel, der mich herrlich warm umhüllt.

Eine angenehme, ruhige Harmonie zwischen Körper und Seele tritt nun ein. Ich fühle mich ganz geborgen und froh. Geborgen und froh. Alle meine Gedanken schlafen nun. Ich höre nur noch auf die Stimme. Nur noch auf die Stimme. Eine wunderbare Ruhe umhüllt mich wie ein Mantel. Alles schläft in mir. Alles um mich herum ist unwichtig. lch bin in einem erholsamen Ruhezustand. Alles wird jetzt nachts in mir schlafen und ruhen. Alles wird schlafen und ruhen.

Durch die Entspannung vermehrt sich die Durchblutung in den Adern des Magens. Ich lege meine Hand auf den Magen und spüre die strömende Wärme, die mich ruhig und müde macht. Ein angenehmes Gefühl der Wärme und Ruhe durchströmt meinen Magen. Alle meine Gedanken schlafen, und die Wärme im Magen macht mich ruhig. Ich spüre die strömende Wärme im Magen. Der Magen ist entspannt, ruhig und warm. Ich spüre es mit der Hand, die auf meinem Magen liegt. Ich spüre strömende, angenehme Wärme und Ruhe. Die Ruhe und die Wärme durchströmen mich. Alles in mir beginnt sich zu entspannen und zu schlafen.

Ich bin ruhig und müde. Ich bin müde und kann schlafen, jede Nacht. Immer, wenn ich künftig ins Bett gehe, kann ich schlafen. jede Nacht kann ich schlafen, ruhig und warm. In diesem Zustand der Ruhe und der Wärme öffnet sich das Tor zu meinem Unterbewußtsein ganz weit. Und jedes meiner Worte dringt tief in mein Unterbewußtsein. Jedes Wort ist ein Samenkorn, das in mein Unterbewußtsein eindringt und eine heilende Wirkung auslöst. Ich kann jede Nacht schlafen. Ich höre nur auf die Stimme. Mein ganzer Körper ist entspannt, ruhig und entspannt. Alles andere ist unwichtig.

Und jetzt lege ich meine Hände ineinander. So mache ich das jeden Abend, wenn ich ins Bett gehe. Ich lege die Hände ineinander, so wie ich es jetzt tue. Und ich spüre dann, wie sich mein ganzer Körper entspannt und wie ich bald in einen angenehmen, erholsamen Schlaf gleite. Ich spüre, wie meine Gedanken schlafen gehen und wie ich einen tiefen, erholsamen Ruhezustand erreiche. Ganz von selbst gleite ich in ruhigen erholsamen Schlaf. Ich

lege meine Hände ineinander und schlafe bald ein. Ganz von selbst, durch die wunderbare Ruhe, die bei Tag und Nacht in meinen Körper einströmt, wenn ich es will.
Ich schlafe nun jede Nacht ganz tief und ruhig, fest und ruhig. Ich finde wunderbare Erholung in meinem Schlaf. Ich schlafe ein. Ich schlafe durch bis morgens früh. Denn bei Nacht wie bei Tag füllt sich mein ganzer Körper mit jedem Atemzug mit Ruhe und Wärme. Mit jedem Atemzug: Ruhe und Wärme und tiefer, erholsamer Schlaf. Immer, wenn ich abends ins Bett gehe, lege ich sofort meine Hände ineinander und sinke bald in einen wunderschönen, angenehmen, erholsamen Schlaf. Ich schlafe bald ein, wenn ich meine Hände ineinander lege. Ganz von selbst. Ich schlafe jede Nacht tief und ruhig durch, und nichts stört mich mehr. Bis morgens früh.
Immer, wenn ich ein- und ausatme, füllt sich mein ganzer Körper mit Ruhe und Schlaf. Und ich schlafe dadurch jede Nacht tief und fest bis morgens früh. Jede Nacht, tief und ruhig, tief und ruhig, bis morgens früh. Meine Hände liegen ineinander. Ich schlafe ein, wenn ich will, und schlafe durch bis morgens früh. Mit jedem Atemzug, bei Nacht und bei Tag, immer, wenn ich ein- und ausatme, füllt sich der Körper mit Ruhe. Immer, wenn ich will, schlafe ich bald ein, fest und ruhig. Und ich schlafe durch bis morgens früh. Durch diese Ruhe werde ich von Tag zu Tag seelisch und körperlich immer ruhiger und stärker.
Der Schlaf gibt mir Kraft für den ganzen Tag. Am Abend bin ich müde. Und wenn ich ins Bett gehe, lege ich die Hände wieder ineinander und schlafe bald ein. Tief und ruhig. Weil mir der Schlaf so viel Kraft für den ganzen Tag gibt. Ich schlafe durch bis morgens früh.
Am Morgen bin ich ausgeschlafen und ruhig. Kräftig und ruhig. Jeden Morgen bin ich ausgeschlafen und ruhig. Nacht für Nacht schlafe ich immer besser ein und immer fester durch bis morgens früh. So wie es früher war. Ich schlafe wieder, wie es früher war, und bin morgens froh und frisch. Frisch und ausgeruht. Abends schlafe ich bald ein, schlafe tief und fest durch und erwache morgens froh und frisch. Froh und frisch, wie es früher war. Ich schlafe ganz von selbst. Jeden Abend schlafe ich etwas leichter und schneller ein, schlafe ruhiger und ruhiger. Jeden Tag werde ich dadurch seelisch und körperlich immer stärker. Weil sich der natürliche, starke Schlaf wieder einstellt. Von Nacht zu Nacht schlafe ich schöner. Jede Nacht schlafe ich durch. Und bin morgens froh und frei durch ruhigen, starken Schlaf.

Jetzt ist es genug: Zeit zum Schlußmachen

So ungefähr wird also Ihr ganz persönlicher Übungstext für einen besseren, gesunden Schlaf aussehen, den Sie sich nun bald einprägen werden. Diesen Text hängen Sie an die Grundübung für alle auf Seite 41 an. Grundübung (Kapitel 3) und spezielle Übung »Schluß mit Schlafstörungen« gehören zusammen und bilden eine geschlossene Übungseinheit. Die soll insgesamt 15 bis 20 Minuten nicht überschreiten.

Alle Formeln, die wir Ihnen hier vorgeschlagen haben, sind so einfach, daß man sie oft genug ganz langsam wiederholen und in sich hineinsprechen (oder hineinsprechen lassen) kann. Die verinnerlichte, eindringliche und doch auch monotone Wiederholung ist ein Teil der Methode, die zum Erfolg führt.

Sie machen alles richtig: Ihre Selbsteinreden sind langsam und voller Wiederholungen. Sie denken ganz stark nach innen. Sie wiederholen ruhig und zuversichtlich dieselben Worte immer wieder.

Wenn Sie mit der Zeit nicht ganz auskommen, dann nehmen Sie nach eigenem Gutdünken einfach Streichungen vor. Natürlich könnte ein erfahrener Psychotherapeut das vielleicht noch präziser tun. Aber wenn Sie Ihrem Gefühl folgen und das herausstreichen, was Ihnen am wenigsten »wichtig« erscheint, dann sind Sie genau auf dem richtigen Wege. Schauen Sie niemals auf die Uhr und stellen Sie auf keinen Fall den Wecker, der Sie rasselnd aus dem Zustand reißt, der Sie zu einem herrlichen, erholsamen Schlaf zurückführen wird. Denken Sie nur noch an Worte und Sätze, die mit dem Schlaf zu tun haben und die Sie auf einen erholsamen Schlaf zuführen.

Verabreden Sie mit Ihrem Partner ein sanftes Zeichen, mit dem er Ihnen anzeigen kann: Jetzt ist die Übungszeit um. Er kann zum Beispiel sanft die Tür öffnen, einen Vorhang aufziehen oder ein gedämpftes Licht hinter der Tür oder in einer Zimmerecke einschalten. Meiden Sie alles, was sich abrupt gegen den Schlaf und gegen ein angenehmes Schlafgefühl richtet. Sie wollen Ihr Schlafzentrum ja nicht schockieren, sondern mit sich versöhnen.

Beenden Sie dann in aller bereits gewohnten Ruhe Ihre Übung mit den Schlußformeln, indem Sie, wie auf Seite 45 vorgeschlagen, von eins bis fünf zählen, sich dabei aus Ihrer Verinnerlichung sanft herauslösen und wieder den ganz gewöhnlichen Wachzustand anstreben.

So behandeln Sie Ihre ganz spezielle Schlafstörung

Sie wissen ja schon, daß es viele Arten von Schlafstörungen und noch viel mehr Ursachen gibt. Wir haben am Anfang des Kapitels darüber miteinander gesprochen. Sie haben nun eine ganze, komplette, wirksame Übung, mit der Sie gegen die Schlafstörung ankommen. Sie können den Erfolg aber noch weiter verbessern.
Auch das ist wieder einfach und logisch: Wenn Sie schlecht ein-, aber ganz ordentlich durchschlafen, dann verlängern Sie die Wiederholung der »Einschlaf-Formeln« und kürzen die Durchschlaf-Formeln dafür teilweise oder ganz. Wenn Sie befriedigend einschlafen, aber sich nachts oder morgens im Bette wälzen, dann kürzen oder streichen Sie die Einschlaf-Formeln und verstärken Ihre Formeln, mit denen Sie Ihrer Seele »Durchschlaf« suggerieren.

Wenn Sie das Gefühl haben, daß Nervosität bei den Einschlaf- oder Durchschlafstörungen eine große Rolle spielt, dann legen Sie großen Wert auf die häufige Wiederholung der Ruhe-Suggestionen. Ist viel Schwäche im Spiel, dann bauen Sie das Wort »Stärke« oder »stark« oder »frisch« häufiger in den Text ein.

Sie kommen ganz allein auf den richtigen Weg. Denn Sie sind zu sich selbst viel ehrlicher, als Sie es vielleicht zu einem Psychiater sein wollen. Weil Sie sich kennen und Ihre Störfaktoren auf den Seiten 51 ff. angekreuzt haben, sind Sie über Ihren Zustand im Grunde viel besser informiert, als es jeder Fachmann sein kann. Sie sind der beste Kenner Ihrer selbst und können sich deshalb selbst helfen.

Sie basteln an Ihrer Spezialübung erst dann herum, wenn Sie sich Ihrer Sache mit der Grundübung schon ganz bombensicher sind. Sie machen nicht jeden Tag etwas Neues, sondern überlegen sich vorher ganz genau, welche Variante für Sie besonders wichtig ist. Sie nehmen einen weichen Bleistift und schreiben die Varianten in das Buch hinein. Sie gehen sehr sparsam mit eigenen Zusatzformeln um. Gegen Ihre spezielle Art von Schlafstörungen bauen Sie vielleicht nur einen einzigen Satz ein. Oder zwei. Aber nicht mehr.

Sie bauen einen ganz einfachen kurzen Satz. Lesen Sie bitte auf Seite 58 nach, wie Sie einen solchen Satz richtig bauen.

Sinngemäße Vorschläge in ganz bestimmten Fällen von Schlafstörungen:

- Wenn Sie sich lange Zeit an Tabletten gewöhnt haben: »Ich schlafe ganz von selbst. Tabletten sind ganz unwichtig.«
- Wenn Sie durch Alkoholeinwirkung nicht durchschlafen (weil sich beim Abbau des Alkohols die Gefäße verengen): »Meine Adern sind weit. Ich nutze meinem Körper durch wenig Alkohol.«
- Wenn zu viele Zigaretten an allem schuld sind: »Meine Adern sind weit. Rauchen ist abends ganz gleichgültig.«
- Wenn Sie sich zu viele Sorgen machen: »Alle Gedanken sind gleichgültig. Die Sorgen fliegen weg.« Oder: »Ich schlafe tief und ruhig ohne Sorgen.«
- Wenn Sie durch Schichtdienst ständig aus dem Schlafrhythmus kommen: »Ich schlafe immer, wann ich will. Zu jeder Zeit. Nichts stört mich ringsum.«
- Wenn Störungen anderer Organe – Herz, Magen, Darm usw. – eine Rolle spielen: Lesen Sie die entsprechenden Kapitel dieses Buches ganz genau und entscheiden Sie selbst, ob einige Formeln in Ihre spezielle Schlafübung hineinpassen – oder ob vielleicht eine ganze komplette andere Übung (zum Beispiel gegen Herzstörungen) besser paßt.

Unsere Autogene Trainingsmethode geht von einer »Sympathie-Werbung des eigenen Willens« auf das Innenleben aus. Sie verwendet immer positive, freundliche, gewinnende Sätze, niemals negative, brutale, kommandierende Sätze. Es muß einmal gesagt werden: Auch die Kommandier-Methode kann helfen. Manche Fachleute wenden sie an. Sie lehren zum Beispiel: »Zigaretten sind scheußliches Gift. Widerliches Gift. Sie zerfressen Lunge und Leben . . .« usw.

Andere Meister der Psychologie schwören auf Reime, weil sie sich doch leicht einprägen. Also zum Beispiel: »Ohne Tabletten und Pillen laß ich mich vom Schlaf umhüllen.« Auch das kann erfolgreich sein.

Sie werden am besten der hier einmal eingeschlagenen positiven Werbemethode folgen. Sie stimmen alles in sich auf »sanft«. Bauen Sie nur dann Kommandotöne ein, wenn es Sie nicht schockiert, wenn es Ihnen ganz natürlich erscheint. Und schmieden Sie sich nur dann einen eigenen Reim, wenn er Ihnen nicht plötzlich fremd und albern in der gesamten Formel-Litanei vorkommt. Grundsätzlich gilt bei unserer Methode: Erfolg hat, was gefällt, was dem Übenden nach dem eigenen Schnabel gewachsen ist.

Was Sie sonst noch alles für guten Schlaf tun können

Sie wissen bereits, daß diese Autogene Trainingsmethode auf Wissen und Wollen, auf Kenntnis und Intelligenz, auf einfachen Formeln und ständigen Wiederholungen aufgebaut ist. Sie finden das inzwischen natürlich, vernünftig und einleuchtend, weil Sie die Einführungskapitel gelesen und die Grundübung (Kapitel 3) schon etwas einstudiert haben. Sie haben erste Kontakte mit Ihrem Innenleben aufgenommen und spüren wahrscheinlich auch schon erste Erfolgssignale.
Trotzdem will ich an dieser Stelle eine unnötige Wiederholung vermeiden: Bitte lesen Sie als nächstes den Abschnitt »Wenn das Leben schöner wird«, der auf Seite 59 ff. abgedruckt ist.
Jetzt tun Sie bereits so viel für einen besseren Schlaf, daß es Ihnen um des Erfolgs willen Spaß macht, auch noch ein paar weitere Register zu ziehen. Sie treten nicht nur mit Ihrem Schlafzentrum in immer engeren Kontakt. Sie beweisen dem ganzen Unterbewußtsein, daß Sie mit Wissen und Willen das Leben ein wenig umstellen und sich ganz ohne Zwang von ein paar (durch Gewöhnung liebgewordenen) Unsitten trennen. Dafür führen Sie ein paar Neuigkeiten ein, die mit Sicherheit dem Körper gute Dienste erweisen.
Sie gewöhnen sich erst einmal an, bei offenem Fenster zu schlafen – wenigstens solange es draußen nicht friert. In der kalten Jahreszeit achten Sie darauf, daß die Temperatur im Schlafzimmer niemals mehr als 18 Grad beträgt.
Nun nehmen Sie die Betten kritisch unter die Lupe: Schlafen Sie auf Wolle, Baumwolle oder Leinen? Oder sind Matratzen und Einziehdecken womöglich aus Kunststoff? Bitte halten Sie das nicht für altmodischen Unsinn. Kunststoffe laden sich elektrostatisch ganz anders auf als Naturstoffe (Tier- oder Pflanzenhaare). Sie haben bestimmt schon erlebt, daß Sie auf Kunststoffböden stehend plötzlich einen elektrischen Schlag bekommen, wenn Sie etwas anfassen oder einer anderen Person die Hand geben. Haushaltstip: Diese unangenehme Erscheinung können Sie übrigens vermeiden, indem der Boden mit etwas Wasser eingesprenkelt und der Raum immer mit über 50 Prozent Luftfeuchtigkeit gehalten wird. Ein Hygrometer gibt es in jedem Warenhaus.
Aber zurück zum Kunststoff im Bett: Gerade als denkender, aufgeklärter moderner Mensch kann man sich vorstellen, daß auch nur leichte elektrostatische Aufladungen bei Leuten mit labilem

Schlafkostüm Einfluß auf die erwünschte Nachtruhe haben können.
Sie brauchen deshalb die Matratze mit Kunststoffanteilen nicht wegzuwerfen. Kaufen Sie eine reinwollene Rheumadecke und legen Sie sie über die Matratze. Wolle kann mit Ihrer Haut besser atmen.
Weiter: Ist das Schlafzimmer mit Kunststoffboden ausgelegt, dann ist es sicher nützlich, einen reinwollenen Bettvorleger vors Bett zu legen. Besser wär's, Kunststoffboden im Schlafzimmer zu meiden.
Elektrische Leitungen und Wasserrohre sollten Schlafgestörte auch nicht allzu dicht über ihren Köpfen haben. Vor allem sollten sie sich keine verrückt-modernen »Himmelbetten« mit eingebautem Radio, Uhr und womöglich sogar noch Fernseher kaufen. So witzig die Dinger für schlafgesunde Menschen auch sein mögen, der schlafgestörte Mensch muß damit rechnen, daß zwischen den winzigen elektrischen Strömen im menschlichen Körper und den Strömen um ihn herum ganz und gar unerwünschte Kontakte zustande kommen.
Nun kommt ein Tip, den ich selbst nicht befriedigend begründen kann, obwohl er immer wieder erfolgreich angewendet wird: Schlafgestörte finden manchmal schlagartig ihre ersehnte Ruhe, wenn sie mit ihrem Bett »umziehen«: Vielleicht ist es möglich, die Betten um 90 oder 180 Grad zu drehen, in eine andere Ecke des Zimmers zu stellen oder sogar in ein anderes Zimmer zu ziehen. Der Versuch kostet ja nichts und ist die kleine Mühe wert. Es kommt tatsächlich vor, daß mit einer ganz simplen Drehung Erfolg erzielt werden kann. Das wird mit einer Art Magnetismus erklärt, als wäre der Mensch eine Kompaßnadel, die erst zur Ruhe kommt, wenn sie »eingenordet« ist. Wasser- und Energieadern in der Erde sollen dabei eine Rolle spielen – , und zum Beweis führen z. B. Wünschelrutengänger an, daß Bäume an manchen Stellen immer wieder eingehen oder auch besonders prächtig gedeihen.
Man kann diesen Effekt tatsächlich bei Straßenbäumen beobachten. Nun hat der Baum seine Wurzeln in der Erde, und wir wohnen vielleicht im vierten oder sogar neunten Stock. Eine befriedigende Erklärung gibt's also nicht – und trotzdem heiligt der Erfolg gelegentlich die Mittel. Man kann nicht Tatsachen einfach wegwischen, nur weil wir sie uns nicht – oder noch nicht – mit modernen wissenschaftlichen Methoden erklären können.
Nun aber wieder zu beweisbaren Maßnahmen für einen gesünderen Schlaf:
Einschlafstörungen rühren zum erheblichen Teil daher, daß die

Durchblutung im Schlafzentrum, im ganzen Gehirn, in den Nervensträngen – also sagen wir einfach einmal in der Zentrale zu kräftig ist. Dabei ist nicht einmal die absolute Blutmenge für den Schlafmangel verantwortlich; Sklerotiker können sogar der »verkalkten« Gefäße wegen unterversorgt sein.

Meist ist der Blutstrom, der Blutdruck im Kopf zu groß, um den Menschen zur Ruhe kommen zu lassen. Das hat dann zur Folge, daß auch andere autonome Organe, z. B. Herz, Magen, Darm, Leber, Nieren viel zu sehr unter »Dampf« stehen, um Schlaf zu finden. Die mit der Schlafstörung verbundene Nervosität erklärt sich, stark vereinfacht, mit diesem Vorgang: Zu viel Druck in den haarfeinen Blutgefäßen der Nervenzentrale – zu wenig Füllung in den Gefäßen, Muskeln und Nerven an Armen und Beinen. Die Nerven lassen den Körper nicht zur Ruhe kommen.

Auch dafür eine Erklärung, weil man wissen muß, um wollen zu können: Im menschlichen Körper sind 6 Liter Blut. Steigt davon zuviel in den Kopf, dann ist unten entsprechend weniger. Ist zuviel Blut im Unterkörper, fehlt's im Kopf. Das ist so einfach wie unumstößlich. Beweis: Der leichenblasse Bewußtlose kommt alsbald wieder zu sich, wenn man ihn flachlegt, die Beine etwas erhöht und mit den Händen die Waden kräftig zum Herzen hin massiert.

Wer also einschlafen will, kann sich vor dem Zubettgehen ein kniehohes kaltes Fußbad machen: Einfach 1 Minute lang in einen Eimer. Folge: Blut wird aus dem Oberkörper abgeleitet und strömt kräftig in die Beine. Müdigkeit kann einsetzen. Kaltfüßler sollten ein Wechselbad mit zwei Wassereimern machen: Zuerst 3 bis 5 Minuten bis über die Waden in etwa 40 Grad heißes Wasser, dann 1 Minute in den anderen Eimer mit Kaltwasser.

Durchschlafschwierigkeiten bessern sich durch naßkalte Fußwickel (Kaltfüßler: naßheiße Fußwickel). Die machen Sie ganz einfach so: Ein Paar nasse (nicht triefende) wollene Kniestrümpfe (oben ohne Gummi) anziehen. Ein zweites, trockenes Paar darüber. Eine Naturwolldecke drumherum. Bett darüber. Die Socken können Sie getrost die ganze Nacht anlassen oder später im Schlaf abstreifen.

Was Ihnen sonst noch zum besseren Schlaf verhilft: Ein warmes Vollbad mit Baldrian-, Hopfen- oder Heublumenzusatz (aus Apotheke, Drogerie, Reformhaus) – wöchentlich 1- bis 2mal, 15 Minuten bei 33 bis 38 Grad nach Verträglichkeit. Im Wechsel damit ein kaltes Halbbad bis zum Nabel sitzend in der Badewanne – wöchentlich 2- bis 3mal, 1 Minute lang.

Alle genannten Wasseranwendungen – Wickel wie Bäder – zielen auf die Entlastung des Kopfes, der Nervenzentrale und der auto-

nomen Organe und die Hinführung des Blutes in die unteren Extremitäten. Wer diese Anregung einige Wochen lang täglich durchführt, erreicht eine Umstimmung des Körpers, der allmählich ganz von selbst – also auch ohne Wasserhilfe – am Abend Blut von oben nach unten verlagert.
Als Einschlaftee können Sie, für zwei bis drei Wochen, den auf Seite 63 beschriebenen Beruhigungstee trinken. Das ist besonders zu empfehlen, wenn Sie lange Zeit Schlafmittel eingenommen haben und jetzt damit Schluß machen. Die richtige Menge: 2 bis 3 Tassen in der letzten Stunde vor dem Zubettgehen.
Im übrigen wissen Sie, daß Baldriantropfen (20 bis 30 Tropfen auf ein Stück Zucker oder »pur« auf die Zunge) ein ganz ausgezeichnetes natürliches Einschlafmittel sind, das Sie am Anfang zur Unterstützung Ihrer Übungen für zwei Wochen getrost einnehmen können (Baldrian-Tabletten sind weniger wirksam). Bevorzugen Sie die Tropfen. Nach einigen Tagen werden die Tropfen vollkommen unnötig, wie später auch der Tee. Das Autogene Training führt Sie zum Erfolg. Sie unterstützen Ihr Unterbewußtsein durch Wasseranwendungen und etwas gesündere Lebensweise, die Ihnen Spaß macht.

6. Schluß mit Herzneurosen

Folgt man der Statistik, dann gibt es keine häufigere Todesursache als Herzversagen. Alle Tage lesen wir in der Zeitung von bekannten Politikern oder Leuten aus dem Showgeschäft, die einen Herzinfarkt oder andere schwere Herzstörungen erlitten und nur mit knapper Not überlebt haben.

Das Herz des Menschen ist ein Organ, das mit dramatischen Signalen und Beschwerden kundtut, daß es nicht mehr hundertprozentig in Ordnung ist. Das vordergründigste Alarmsignal fast aller Herzbeschwerden ist Angst.

Die Angst vor einem plötzlichen Herztod und die Statistik über Herzerkrankungen erwecken den ganz und gar falschen Eindruck, als sei das Herz das wichtigste menschliche Organ überhaupt. In Wirklichkeit ist es »nur« ein wichtiges Organ unter anderen: Wenn der Mensch durch einen Unfall oder eine krankheitsbedingte innere Blutung mehr als die Hälfte seines Blutes verliert und nicht schnell genug an den Tropf gehängt werden kann, ist er tot. Das Blut ist also genauso wichtig wie das Herz.

Sobald sich der Mensch mehr als ein Drittel seiner Haut verbrennt oder verbrüht, ist sein Leben gefährdet. Wenn Leber oder Nieren ausfallen, ist ein Weiterleben nicht mehr möglich.

Da sich dieses Kapitel an diejenigen unter uns wendet, die unter nervösen oder »vegetativen« oder funktionellen Herzbeschwerden leiden, sei vorweg gesagt: Das Herz ist nicht das einzige Organ, von dem das Leben abhängt. Es ist ein unglaublich starker, vergleichsweise simpler Muskel mit einem selbständig (ohne Willen und Nervenzentrale) arbeitenden Betriebswerk. Es ist eines der gutartigsten Organe des Menschen und kann von allen Beschwerden wieder befreit werden, solange es keine technischen Defekte hat.

Technische Defekte sind vor allem Herzklappenfehler (Hauptrisiko als Folge langwieriger Infektionen, Eiterherde oder Rheuma), Herzverformungen (Hauptrisiko als Folge von Bluthochdruck und Lungenödemen), Herzmuskelschäden (Hauptrisiko als Folge von langwierigen Infektionen, Durchblutungsstörungen und »Verkalkungen« der Blutgefäße zur Versorgung der Muskulatur).

Die Behandlung organischer Herzkrankheiten gehört immer in die Hände eines erfahrenen Internisten. Organische Herzfehler können nicht »geheilt« werden. Ärzte sind aber in der Lage, »Defektheilungen« zu erzielen. Sie können den Menschen in die Lage versetzen, mit dem organisch »etwas« defekten Herzen unter Zuhilfenahme von wirksamen Medikamenten halbwegs beschwerdefrei zu leben. Die Lebenserwartung ist dabei – statistisch betrachtet – immer etwas verkürzt. Gelegentlich ist es möglich, mit einer Operation defekte Teile zu »ersetzen«. Die Fortschritte auf diesem Gebiet sind vielversprechend.

In den seltensten Fällen fallen organische Herzschäden »wie ein Blitz aus heiterm Himmel«.

Sie kündigen sich fast immer durch deutlich erkennbare Vorzeichen an. Früherkennung von Herzbeschwerden hat – um ein Hundertfaches öfter als bei Krebserkrankungen – die Chance der hundertprozentigen Heilung!

Wer also zum ersten Mal in seinem Leben plötzlich und völlig unerwartet sein Herz in unangenehmer Weise »spürt«, sollte auf jeden Fall sofort (!) einen Internisten aufsuchen! Auch dann, wenn die Beschwerden nach wenigen Augenblicken wieder vorbei sind!

Ein gesundes Herz soll der Mensch niemals unangenehm empfinden. Es soll keine Stolpertöne haben, sondern ganz regelmäßig 70bis 80mal in der Minute schlagen. Auf keinen Fall weniger als 60mal oder öfter als 90mal. Bei schwerer Arbeit oder beim Rennen kann es zwar schneller pochen, aber es soll nicht stechen oder schmerzen, einem nicht die »Puste« nehmen und auch nicht »bis zum Halse« schlagen. Ruht sich der Mensch nach einer Anstrengung aus, dann soll es binnen 2 bis 5 Minuten wieder völlig normal schlagen.

Das gesunde Herz macht seinem Träger weder im Zustand der Ruhe noch nach Anstrengungen noch nach »Sünden« (Alkohol, Zigaretten, Völlerei) noch nach Aufregungen und Kummer Angst. Es bereitet keine Schlaflosigkeit. Der Träger eines gesunden Herzens ist morgens ausgeschlafen und hat Spaß an körperlicher und geistiger Leistung. Er empfindet nach getaner Arbeit gesunde Müdigkeit. Er gleitet ohne das Gefühl von Atemnot oder Brustenge alsbald in einen erquickenden Nachtschlaf und braucht während der Nacht (außer nach extremer Vieltrinkerei) auch kein Wasser zu lassen.

Jeder Leser dieses Buches sollte in den vorstehenden drei Absätzen jedes Stichwort mit dem Bleistift ankreuzen, das auf ein Abweichen seines Herzens von der Normalität hindeutet.
Außerdem möge jedermann prüfen, ob die bekannten Herz-Risikofaktoren für ihn zutreffen: Übergewicht (mehr als 5 %), Vielraucherei (mehr als höchstens 10 Zigaretten täglich), regelmäßiger Alkoholgenuß (mehr als ½ Liter Bier täglich), Bewegungsmangel (Tagesverlauf ohne jede körperliche Anstrengung), Schlafmangel (weniger als 8 Stunden pro Nacht), Fehlernährung (zuviel Fett und Fleisch, zuwenig Obst und Gemüse).
Suchen Sie einen Facharzt für innere Erkrankungen auf, wenn auch nur ein kritischer Punkt bei Ihrem »Körper-TÜV« auftaucht. Dringen Sie auf eine »große Inspektion«. Der Arzt kann organische Herzfehler mit Sicherheit ausschließen.
Wenn das geschehen ist, können Sie das Autogene Training zur Kräftigung Ihres Herzens mit Erfolg starten.

Was macht das Herz denn überhaupt?

Technisch gesehen ist das Herz eine Hochleistungs-Doppelpumpe, die pro Tag rund 6000 bis 8000 Liter durch den Körper pumpt. Die Fähigkeit, Blut anzusaugen, ist von Natur aus ziemlich miserabel. Die Pumpe ist auf Zufluß angewiesen.
Weil Sie durch Autogenes Training mit Ihrem Herzen in Kontakt treten wollen, ist es wichtig, daß Sie wissen, was da alles passiert.
Das der linken, besonders kräftig ausgebildeten Herzpumpe von der Lunge her zulaufende sauerstoffreiche Blut füllt zuerst einmal den linken Vorhof. Sobald sich dort ca. 60 Kubikzentimeter gesammelt haben und die linke Herzkammer mit einer kräftigen Preßbewegung Blut in die Aorta gepreßt hat, erweitert sich die Kammer wieder und öffnet dabei ihr Einlaßventil: Die Blutmenge vom Vorhof strömt in die Herzkammer und wird im nächsten Augenblick ebenfalls mit einer Preßaktion in die Hauptschlagader geschickt. Das Einlaßventil wird dabei geschlossen, das Auslaßventil aufgedrückt.
Von nun an bekommt jedes Organ in genauer Dosierung diejenige Blutmenge, die es braucht. Das wird ganz simpel durch dikkere und dünnere Abzweigungen von der Aorta erreicht. Die erste Abzweigung ist erst einmal für die Durchblutung des Herz-

muskels selbst da. Dann folgen Kopfarterien und Gefäße für Arme, Lunge, Leber, Magen, Nieren, Beine usw.
Jede Arterie, groß und klein, verzweigt sich millionenfach, bis zu winzigen Kapillaren. Am Ende des arteriellen Blutweges durchsickert das Blut eine mikroskopisch feine Haut und gibt Sauerstoff und Nährstoffe an eine oder mehrere Zellen ab. Zu gleicher Zeit nehmen ebenso feine venöse Kapillaren Blut und Körperschlacken auf und führen den Lebenssaft in immer dicker werdenden Venenrohren zum rechten Herzvorhof. Die rechte Herzhälfte pumpt, synchron zur linken, das sauerstoff- und nährstoffarme Blut zur Auffrischung in die Lunge und von dort wieder in das linke Herz. Der Kreislauf ist geschlossen.
Die Herz-Preßbewegungen werden selbständig von einem Mini-Elekrizitätswerk des Herzens ausgelöst. Dieser »Sinusknoten«, so heißt der Apparat, sitzt im rechten Herzvorhof, weil dort der beste Platz ist. Rechte und linke Herzhälfte sind durch eine dicke Sehnenplatte voneinander getrennt.
Sie können sich jetzt ganz leicht vorstellen, was dem Herzen passiert, wenn unterwegs irgendwo auf den Blutwegen etwas nicht funktioniert. Beispiele:
Blut staut in den Arterien (Frischblut vom Herzen zu den Zellen) durch Verkalkung der Leitungen – das Herz erhöht seinen Druck, rückstauendes Blut beult die linke Herzhälfte aus.
Blut bildet Gerinnsel aus Körperschlacken in den Venen (Altblut von den Zellen über Rechtsherz zur Lunge) – Gerinnsel passieren zwar die rechten Herzventile, verstopfen aber die feinen Lungenkapillaren und führen zur Erstickung (Lungenembolie).
Blut wird in der (meist durch Alkohol geschädigten) Leber ungenügend entgiftet und mit »falschen« Nährlösungen ausgestattet – Gefäßverkalkung, Blutvergiftung und damit Zellvergiftung auf Raten sind die Folgen.
Das Herz ist also einfach, robust und zuverlässig. Es steht über die Blutwege mit jedem anderen Organ in Verbindung. Folglich übertragen sich Fehler anderer Organe aufs Herz, und Herzfehler führen zu Fehlern in anderen Organen.
Das Herz ist nicht »das wichtigste« am Menschen.
Das wichtigste ist, daß alle Organe im Sinne der Gesamtkonstruktion einigermaßen gut zusammenspielen können. Organpflege ist immer Gesundheitspflege am gesamten Menschen. Die moderne Medizin hat in den letzten Jahrzehnten viel zu sehr auf die symptomatische, punktförmige Behandlung von Beschwerden geschielt und den Menschen in seiner Gesamtheit dabei etwas vernachlässigt. Viele Wissenschaftler geben diesen Fehler zu.
Das »Autogene Training« eröffnet eine Möglichkeit, Herzbe-

schwerden auf dem Wege über das gesamte Innenleben zu überwinden.
Sie wissen jetzt, daß das Herz ein sehr wichtiges Organ unter mehreren ist. Ihr Herz kann Ihnen deshalb auch keine »Angst« machen, weil nicht alles von »ihm« abhängt – sondern fast alles von Ihnen selbst, von Ihrem Bewußtsein und Unterbewußtsein, von Wissen und Wollen, von Körper und Seele.

Was Körper und Seele täglich brauchen

Ihr Herz ist organisch gesund. Sie wissen es, weil der Facharzt es bestätigt hat. Trotzdem spüren Sie gelegentlich einige der vorn aufgezählten Herzbeschwerden. Sie wissen, daß diese »vegetativen« oder »neurovegetativen« Störungen, »Dis-Regulationen« oder wie immer die Beschwerden mit einem wissenschaftlichen Namen genannt werden, wenn der Arzt keinen organischen Befund entdecken kann (Gott sei Dank!), hundertprozentig heilbar sind.
Sie wissen, wie die Dinge im Innern funktionieren und kennen Tricks zur Beeinflussung.
Dem Herzen sollte man einen Dienst erweisen, indem man täglich einmal eine kleine Anstrengung unternimmt, bei der man ganz leicht zu schwitzen beginnt, die Atmung bei offenem Mund beschleunigt und am Handpuls eine Beschleunigung auf 100 bis 120 Schläge feststellen kann. Wie Sie diese, nur wenige Minuten dauernde Anstrengung zuwege bringen, ist ganz egal: Durch Treppensteigen, Dauerlauf zum Bus, Radfahren, Tischtennis, Gymnastik, Schwimmen. Es kann täglich eine andere Anstrengung sein. Hauptsache, Sie lassen keinen Tag aus.
Wenn Sie das Buch als aufmerksamer Leser von vorn an gelesen haben, sind Sie auf diesen Tip im Zusammenhang mit Nervosität und Schlaflosigkeit schon einmal gestoßen. Aber Sie wissen inzwischen auch, daß das Herz über das Blut mit allen anderen Organen in Verbindung steht, und daß wir eine »Ganzheitsmethode« zur körperlichen Gesundung anstreben. Etwas vereinfacht darf man getrost sagen: Was einem Organ wohltut, ist regelmäßig auch für andere Organe nützlich. Sie werden also einige grundlegende Tips bei verschiedenen Beschwerdebereichen immer wieder finden.

Sie wissen inzwischen, daß Ihr Herz ein Organ unter anderen und ein automatisch-selbsttätig arbeitender Muskel ist. Nun fassen Sie es bitte nicht als Widerspruch auf, wenn ich Ihnen aufschreibe, daß Ihr Herz zwar zur Erbringung einer autonomen Grundleistung in der Lage ist – daß es aber trotzdem von zwei menschlichen Hauptnerven gesteuert wird, um optimal in allen Lebenslagen zu funktionieren:

- Der Sympathicusnerv sorgt bei Bedarf für verstärkte Herzarbeit.
- Der Parasympathicusnerv (auch Vagusnerv genannt) sorgt bei Bedarf für Verringerung der Herzleistung.

Über die beiden Hauptnervenstränge, die wie Drahtseile die Nervenzentrale im unteren Hinterkopf mit Herz und anderen lebenswichtigen Organen verbinden, wird das Herz nun schließlich doch zu einem sensiblen Muskel. Deshalb bestehen bestimmte Sprichworte zu Recht: »Mein Herz ist in Liebe entflammt«, »Ich schließe dich in mein Herz«, »Kummer und Sorgen brechen mir das Herz« usw.

Nachdem wir uns alle täglich die Zähne putzen (»Mundhygiene«), wäre es also wunderbar, wenn man auch »Herzhygiene« betreiben könnte. Man kann es: Durch Liebe, Güte, Milde, Ausgeglichenheit, Toleranz in Beruf, Freundeskreis und Familie. Liebe und Zuneigung unter Partnern sind die wichtigsten »Pflegemittel« fürs Herz.

Der seelische und der Körperkontakt zwischen Partnern tun dem Herzen gut. Die körperliche Vereinigung zwischen Partnern ist Ausdruck von Harmonie und Liebe, die zu Herzen geht. Sie ist Symbol für Gesundheit und Stärke. Sie ist auch – die profane Anmerkung sei gestattet – eine kleine erwünschte körperliche Anstrengung mit Heilwirkung.

Es ist fabelhaft, wenn Sie gleich am Anfang Ihres Autogenen Trainings zur Kräftigung Ihres Herzens mit allen Pillen Schluß machen wollten, die Sie bisher gewohnheitsmäßig geschluckt haben. Sie brauchen morgens wirklich nicht mit Aufputschtabletten und Riesenmengen Schwarztee oder Kaffee »Gas zu geben«, um in Schwung zu kommen. Und Sie brauchen nach Feierabend nicht mit anderen Tabletten »zu bremsen«, um Ruhe zu finden. Sie sind ein körperlich gesunder Mensch – und kein Auto.

Ihre Sympathie-Werbung, die Sie künftig mit Ihrem Herzen betreiben, Ihre Fähigkeit, jederzeit mit Ihrem gesunden Herzen in harmonischen Kontakt zu treten, macht den ganzen Pillenkram vollkommen überflüssig, wenn das Herz organisch gesund ist.

Sie werden in allen Konflikten, die Ihnen bisher zu Herzen gingen, künftig Kompromisse schließen können, weil Sie und Ihr

Herz eins sind, weil Sie stark und ruhig sind, weil Sie frei von Angst sind und sich nicht andauernd ärgern oder grämen müssen.
Ihr Herz ist organisch gesund und wird es künftig erst recht bleiben, weil Sie in Kontakt miteinander stehen.

Ihre ganz persönlichen Herzbeschwerden

Herzbeschwerden und solche, die mit Herz und Kreislauf zusammenhängen, können sehr verschieden sein. Je nach dem Beschwerdebild werden Sie sich deshalb Ihr eigenes Autogenes Training maßgerecht schneidern.
Ihre Übung wird sich also aus der Grundübung (Kapitel 3), der folgenden angehängten Übung »Schluß mit Herzneurosen« und einigen wenigen speziellen Formeln und Sätzen zusammensetzen, die sich auf Ihre besonderen Beschwerden beziehen. Vorschläge dazu finden Sie gegen Ende dieses Kapitels.
Zuvor möchte ich die häufigsten Herzbeschwerden aufzählen, damit Sie wissen, ob Ihre Beschwerden mit den Wörtern und Sätzen, die Sie dann lernen wollen, überhaupt erfolgreich behandelt werden können.

- *Der Magen-Herz-Komplex.* Eine häufige, lästige Krankheit bei gesundem Herzen. Symptome: Meist bei Ruhe und/oder in der Nacht binnen kurzer Zeit auftretender mehr oder weniger heftiger Druck unter dem linken Rippenbogen, Schmerzen in der Herzgegend, Brustenge mit leichter Atemnot, beschleunigtes Herzklopfen, manchmal etwas unregelmäßig mit Stolpertönen, Angst. Die Beschwerden können täglich oder in unregelmäßigen Abständen, stärker oder schwächer wiederkehren. Anfallsdauer: bis zu 1 Stunde.

Wichtig: Wer diese Beschwerden zum ersten Mal spürt, muß sofort den Notarzt rufen oder sich vom Partner ins nächste Krankenhaus fahren lassen. Denn sowohl Angina pectoris als Herzinfarkt verursachen ähnliche Beschwerden und können beim ersten Anfall sofort tödlich verlaufen, wenn nicht binnen Minuten Hilfe zur Stelle ist.
Erst wenn der Facharzt die Beschwerden als Magen-Herz-Komplex, als »Roemheldscher Symptomenkomplex« (nach dem Entdecker) identifiziert hat, können künftige Beschwerden gelassen

hingenommen und mit Selbsteinrede und anderen Maßnahmen beseitigt werden.
Was ist geschehen? Beim Bläh- oder Trommelbauch drückt der aufgeblähte Magen das Zwerchfell hoch und irritiert die Herznerven und Muskeln. Wer den Finger in den Mund steckt und sich erbrechen kann, findet meist sofortige Erleichterung. Stuhlgang und Wasserlassen erleichtern ebenfalls. Stuhlgang funktioniert meist sehr leicht, weil die Angst ihn herbeiführt. Aufstehen und spazieren (im Zimmer oder draußen) bringen Beruhigung.
Blähbäuchler sollten unbedingt Übergewicht abbauen, Alkohol und Zigaretten reduzieren, die Abendmahlzeiten zeitlich vorverlegen, mengenmäßig herabsetzen und leichte Kost bevorzugen. Durch diese Maßnahmen und das Autogene Training verschwinden die Beschwerden vollkommen.

● *Herz-Trainingsmangel.* Bei modernen Leuten besteht leider oft ein erschreckendes Mißverhältnis zwischen geistiger und nervlicher Schwerstarbeit und körperlichem Nichtstun. Viele von uns halten dieses Leben sogar für »komfortabel«. Herz-Trainingsmangel äußert sich in schnellem, leichtem Puls, man kommt schnell »außer Puste« und empfindet auch im Sessel und auf der Couch noch lange Zeit unangenehme Rastlosigkeit und Unruhe. Die im Beruf geforderte geistig-nervliche Leistung läßt sich oft nicht zurückschrauben. Solche Menschen sollten auf die schon beschriebenen täglichen körperlichen Anstrengungen großen Wert legen, die Nachtruhe um eine Stunde verlängern, und sie werden im Verein mit Autogenem Training ebenfalls vollkommen beschwerdefrei leben.

● *Beginnende Verkalkung.* Es hat gar keinen Sinn, sich etwas vorzumachen: Bei 80 von 100 Menschen setzen sich in den Arterien vom dritten oder vierten Lebensjahrzehnt an Schlacken ab, die das Volumen der Blutröhren verringern. Wohlstandsessen, Alkohol und Zigaretten spielen dabei wieder einmal eine Rolle. Der »Kalk« in den Gefäßen, in Wirklichkeit ein Gemisch aus Fetten und Mineralien, kann nicht mehr rückgängig gemacht werden. Aber es ist möglich, das Fortschreiten der Verkalkung aufzuhalten.
Beschwerden treten leider erst deutlich auf, wenn die Arterien zu mehr als zwei Dritteln zugewachsen sind. Die meist sehr schwachen Frühwarnsignale werden übersehen: Kalte oder einschlafende Füße, abnehmende Muskelstärke und schnellere Ermüdung als früher, Konzentrationsschwäche, schöpferische Leistungsschwäche, Vergeßlichkeit.

Es ist sinnvoll, einen internistisch erfahrenen Arzt aufzusuchen. Er wird den Blutfettspiegel (Cholesterin) untersuchen und womöglich Maßnahmen zur Senkung der Blutfette treffen, die sich in den Adern absetzen.
Wer künftig lebenslang Erfolg haben will, wird den Essensfahrplan umstellen und Obst (täglich 250 Gramm), Gemüse (bis zu einem Pfund), Magerquark, Magerkäse, Joghurt, Trinkmolke, Fisch, Geflügel, Kalbfleisch bevorzugen. Er wird fette Braten und Wurst meiden, die tägliche Fleischmenge auf 100 Gramm und die tägliche Fettmenge auf 30 Gramm reduzieren.
Durch diese Maßnahmen und das Autogene Training kann die Verkalkung aufgehalten und die körperliche und geistige Leistungsfähigkeit wiederhergestellt werden.

● *Labiler Bluthochdruck.* Bluthochdruck ist kein medizinisches Kavaliersdelikt, sondern eine ernste Krankheit. Er kann viele Ursachen haben – und nur der Arzt kann sie feststellen. Der Irrglaube, ältere Menschen dürften ab 50 getrost einen höheren Blutdruck bekommen, kann im schlimmsten Fall das Leben kosten. Es ist seit Jahren erwiesen, daß es lebenslang nur einen einzigen normalen Blutdruck für Erwachsene gibt: Zwischen 120 : 80 und 140 : 90. Lassen Sie doch bitte demnächst in der Apotheke oder beim Arzt Ihren Blutdruck feststellen.
Es ist wirklich ein Jammer – aber Menschen mit Bluthochdruck müssen ebenfalls vom Übergewicht herunter und Alkohol und Tabak reduzieren (besser: aufgeben). Wenig Fleisch (täglich samt Wurst nur ca. 100 Gramm), viel Obst, Gemüse, Säfte, Mineralwasser und wöchentlich mindestens zwei Mahlzeiten mit Reis tragen zur Blutdrucksenkung bei.
Lange bevor der Blutdruck sich ständig (stabil) in gefährlichen Höhen bewegt, gibt es den sogenannten »labilen Hochdruck«, der bei Aufregung und/oder Anstrengung hochschnellt und bei Ruhe wieder abklingt auf normale oder »fast« normale Werte. Selbst Ärzte messen dem labilen Hochdruck nicht die rechte Bedeutung bei. Wie sollten sie auch: Der Patient kommt, mehr oder weniger zufällig, nur ein- oder zweimal zu ihnen. Woher sollen sie da wissen, ob der so gemessene Blutdruck nun labil oder stabil ist?
Wie auch immer: Weil labiler Hochdruck und mäßiger stabiler Hochdruck mit AutogenemTraining sehr gut in den Griff zu kriegen sind, sollte sich jedermann, der einmal bei sich Hochdruck feststellen konnte, in der Apotheke ein einfaches Blutdruckmeßgerät (Preise unter 100 Mark, kein elektronisches Gerät) kaufen und einige Wochen lang täglich zweimal oder drei-

mal den Blutdruck selbst messen oder vom Partner messen lassen.

● *Beginnende Herzschwäche.* Schon beim Treppensteigen und beim schnellen Gehen tritt starkes Herzklopfen auf. Der Puls ist schnell, die Lippen sind bläulich verfärbt, die Beine schwer und abends etwas geschwollen. Schlechte, gelbliche Hautfarbe. Nächtlich ein- oder zweimal Harndrang trotz geringer Trinkmenge.

Bei diesen Zeichen beginnender Herzschwäche sollte der Arzt oder ein erfahrener Heilpraktiker aufgesucht werden. Salzarme Kost, Maßnahmen zur Besserung des Stuhlgangs, der Nierentätigkeit und der Galle – Weißdorntee und -tropfen und Maiglöckchentabletten (Convallaria) sind kurmäßig vier Wochen lang sinnvoll. Weißdorntee, Weißdornsaft können, wenn als wohltuend empfunden, auch drei Monate oder in kleinen Mengen dauernd genommen werden, um ein Fortschreiten leichter Herzschwäche zu verhüten oder hinauszuschieben. Gleichzeitig soll leichtes Training weitergeführt und mit eintretender Besserung vorsichtig gesteigert werden.

Autogenes Training kräftigt gemeinsam mit den übrigen Maßnahmen Herz und Kreislauf bis zur völligen Beschwerdefreiheit.

Sie haben alle diese Überlegungen und Maßnahmen verstanden, weil sie einfach und logisch sind. Sie erwarten kein Wunder, sondern Sie wissen, daß Herzbeschwerden vollkommen überflüssig sind und durch Wissen und Willen, durch Bewußtsein und Unterbewußtsein, durch Körperkraft und Seelenkraft, durch Zwiesprache zwischen Ihrer Stimme und Ihrem Herzen vollkommen beseitigt werden können.

Sie lassen sich von Besserwissern jetzt auch nicht mehr nervös machen. Sie sind im Besitz einer ausgezeichneten Methode. Sie wissen genug, um die bereits bekannte Grundübung (Kapitel 3, Seite 35ff.) mit Ihrer ganz persönlichen Zusatzübung »Schluß mit Herzneurosen« zu verbinden.

Sie werden jetzt die Herz-Übung in aller Ruhe lesen. Dann werden Sie Worte streichen, die Ihnen womöglich nicht gefallen. An deren Stelle werden Sie eigene Worte setzen, weil Sie das richtig machen. Dann werden Sie beginnen, die autosuggestiven Sätze in Ihr Inneres hineinzureden (oder reden zu lassen): langsam, eindringlich, verinnerlicht, immer wiederholend.

Wenn Sie lieber mit einer fertigen Kassette arbeiten wollen, können Sie diese beim Autor des Buches bestellen (vgl. hierzu die Fußnote auf Seite 19).

Das ist der Text, den Sie für Ihre Herzkräftigung brauchen

Der folgende Text wird zur Behandlung von Herzbeschwerden auf Seite 41 bei dem Zeichen x an den Grundtext angehängt.

Ich lege jetzt eine Hand auf meinen Bauch und spüre, wie strömende Wärme durch meinen Magen flutet. Strömende Wärme durchflutet mich. Ich spüre die strömende Wärme unter meiner Hand, wie sie vom Magen auch in die Brust strahlt. Strömende, wohltuende Wärme und Ruhe durchströmen Bauch und Brust, Magen und Herz.
Ich gleite mit meiner Hand nun langsam hinauf zum Herzen. Ich spüre das Herz, strömend warm. Ich fühle mit meiner Hand das Herz, strömend warm, ruhig und stark. Es strömt und schlägt ruhig und gleichmäßig. Ganz ruhig und gleichmäßig. Tag und Nacht schlägt mein Herz ruhig und gleichmäßig. Tag und Nacht schlägt mein Herz ruhig und gleichmäßig und kräftig. Ich fühle mit der Hand die Stärke und die Ruhe.
Durch die strömende, strahlende Ruhe und mein kräftiges Herz ist mein ganzer Körper ruhig und entspannt. Nichts regt mich mehr auf. Ich bin stark und ruhig, stark und ruhig. Strömend kräftig und gleichmäßig schlägt mein Herz Tag und Nacht und gibt meinem ganzen Körper Ruhe und Geborgenheit.
In diesem Zustand völliger Entspannung öffnet sich nun das Tor zu meinem Unterbewußtsein ganz weit. Jedes meiner Worte dringt tief in mein Unterbewußtsein, wie ein Samenkorn, das dort aufgeht und eine ganz bestimmte heilende Wirkung auslöst. Ich höre nur noch auf die Stimme, nun noch auf die Stimme. Alles andere ist ganz unwichtig. Jedes Wort ist ein Samenkorn, das in mein Unterbewußtsein eindringt und eine heilende Wirkung ausübt. Mein ganzer Körper ist ruhig und entspannt.Das Herz schlägt ruhig und kräftig, Tag und Nacht. Alles andere ist unwichtig. Mein Herz ist ruhig und stark. Ich bin ruhig und stark. Nichts stört mehr. Ruhe und Geborgenheit sind in meiner Brust. Ruhe und Geborgenheit. Ich bin ruhig und frei. Denn mein Herz schlägt ruhig und kräftig, ruhig und frei. Tag und Nacht. Die Wärme strahlt in meiner Brust. Angenehme Wärme strahlt bis in mein Herz hinein. Mein Herz ist warm und stark, stark und ruhig. Wunderbare Wärme durchströmt mein Herz. Mein Herz ist ganz entspannt. Es schlägt ruhig und kräftig. Mein Herz schlägt

völlig regelmäßig, ruhig und kräftig. Tag und Nacht gibt es mir Kraft. Mein Herz arbeitet immer völlig normal. Mein Herz schlägt immerzu, ganz normal, ganz ruhig und kräftig. Tag und Nacht. Regelmäßig, normal.

Ich bin jetzt immer ganz ruhig und stark. Ich bin ruhig und stark, denn mein Herz ist mir treu. Es ist gesund und treu. Es schlägt Tag und Nacht kräftig und ruhig. Nichts regt mich mehr auf. Alles andere ist jetzt ganz unwichtig. Ich höre nur noch auf die Stimme. Die Stimme ist ruhig und stark. Es ist ein ganz neues Leben. Ruhig und gesund. Ich weiß und spüre bis in meine tiefste Seele, daß ich organisch vollkommen gesund bin. Ich bin gesund, und mein Herz schlägt jetzt immer ruhig und kräftig, strömend warm und kräftig. Tag und Nacht. Ich bin völlig gesund. Mein Herz schlägt regelmäßig und normal. Mein Herz ist gesund. Mein Leben ist schön. Mein Herz ist gesund und schlägt ruhig und kräftig, Tag und Nacht. Nichts stört mich mehr.

Alle Unruhe und Angst fallen darum ab von mir wie welke Blätter im Herbst. Ich habe keine Angst mehr. Mein Herz schlägt ruhig; gleichmäßig, kräftig. Nichts kann mich mehr aus der Ruhe bringen. Mein Herz ist gesund. Mein Herz ist stark und gesund. Ich bleibe immer ganz ruhig. Unruhe und Angst fallen von mir ab wie welke Blätter im Herbst. Das Herz schlägt ruhig und gleichmäßig, Tag und Nacht. Mein Herz ist gesund. Die Wärme aus Herz und Magen strahlt Kraft und Ruhe in meinen Körper. Wunderbare Wärme und Kraft durchströmen mein Herz und meinen Körper.

Immer, wenn mich jemand aufregen will, werde ich mich daran erinnern, daß mein Herz ganz gesund ist. Daß es normal und stark, regelmäßig und kräftig schlägt. Nichts regt mich mehr auf. Niemand kann mich aufregen. Mein Herz gibt mir Kraft, und nichts regt mich auf. Mein Herz ist stark. Bei Tag und Nacht, mein ganzes Leben lang. Mein ganzes Leben lang schlägt das Herz künftig ruhig und kräftig. Und immer, wenn mich jemand aufregen will, werde ich daran denken, daß mein Herz ruhig und stark ist. Ich spüre die Ruhe und die Kraft, die mir mein Herz gibt. Ich spüre und weiß, daß mein Herz immer ganz normal und stark schlägt. Und mich niemals verläßt. Mein Herz ist stark und treu. Es schlägt strömend warm, ruhig und kräftig.

Ich spüre die Kraft, die der ruhige Atem hinaufträgt bis in mein Herz. Der Atem bringt Ruhe in mein Herz, strömende Kraft und Ruhe. Ruhiger Atem bringt Ruhe in das Herz. Ich atme tief und normal. Ganz ruhig, ganz normal. Mein Herz arbeitet normal, normal und stark. Der Atem bringt dem Herzen Kraft und Ruhe. Das Herz schlägt deshalb ruhig und gleichmäßig. Immer ruhig, kräftig und gleichmäßig. Nichts regt mich mehr auf. Alles andere ist unwichtig. Das Herz hört immer auf meine Stimme. Mein Herz ist gesund, arbeitet stark und ist immer allen Anforderungen gewachsen. Ich bin ruhig und kräftig, so kräftig wie mein Herz.

Jetzt ist es genug: Zeit zum Schlußmachen

Es ist hier wie bei allen anderen Übungen: Fünfzehn bis zwanzig Minuten für eine komplette Übung sind genug. Zuviel des Guten wird zur einseitigen Anstrengung, wird zum »Streß«.
Sie üben vollkommen richtig: Ihre Suggestionen sind langsam, verinnerlicht, eindringlich zum Herzen hingewendet und doch monoton in ihrer ständigen Wiederholung.
Nach 15 bis 20 Minuten lassen Sie sich anfangs von Ihrem Partner behutsam erinnern, daß es Zeit zum Schlußmachen ist. Indem er Ihnen ein sanftes Zeichen gibt: eine Tür oder einen Vorhang öffnet oder gedämpftes Licht in einer Ecke oder hinter der Tür einschaltet. Nehmen Sie bitte keinen Wecker, der Sie laut klingelnd aus dem Training reißt. Und schauen Sie zwischendurch niemals auf die Uhr. Nach einigen Übungen haben Sie die richtige Zeit automatisch im richtigen Griff.
Wenn Sie soweit sind, beenden Sie in aller gewohnten Ruhe Ihre tägliche Übung mit den Schlußformeln, indem Sie, wie auf Seite 45 vorgeschlagen, von eins bis fünf zählen, sich aus der Verinnerlichung lösen und wieder den ganz gewöhnlichen Wachzustand anstreben.

Zusatzformeln für Ihre ganz persönlichen Herzbeschwerden

Sie sind auf dem besten Wege, sich eine fabelhafte, komplette Übung zur Kräftigung und Beruhigung Ihres Herzens und Ihres Kreislaufs anzueignen. Sie hängen nicht »gläubig« an irgendeiner Methode, sondern überzeugen sich selbst, Schritt um Schritt, daß Ihr Autogenes Training erklärbar, logisch, einfach und wirksam ist.

Sie haben im Abschnitt über die verschiedenen Herzbeschwerden (Seite 86 ff.) herausgefunden, welcher Art die Probleme sind, die Ihnen bisher Sorgen bereitet haben. Der Arzt hat bestätigt, daß kein schwerer organischer Herzfehler vorliegt.
Besser als jeder andere kennen Sie selbst nun Ihr Inneres. Es ist Ihnen möglich, mit dem Unterbewußtsein und somit auch zum Herzen in Willenskontakt zu treten und einen heilsamen Dialog zu führen. Deshalb können Sie nun die Übung »Schluß mit Herzneurosen« mit einigen wenigen Zusatzformeln für sich ganz persönlich noch wirkungsvoller machen.
Ihre ganz speziellen Worte und Sätze bauen Sie einfach an einer Stelle ein, die Ihnen dafür geeignet erscheint. Diese besonders wichtigen, besonders persönlichen Worte und Sätze wiederholen Sie einige Male, ganz langsam, ganz verinnerlicht, mit Pausen versehen, so wie Sie das ganze Übungsprogramm durchführen. Sollte die gesamte Übung dadurch zu lang, also länger als 15 bis 20 Minuten werden, dann streichen Sie einfach an anderer Stelle etwas heraus, was Ihnen weniger »wichtig« erscheint.
Wie die persönlichen Worte und Sätze gewählt und gebaut werden, ist jedem Übenden selbst überlassen. Die folgenden Formeln sollen lediglich Anregungen für verschiedene Beschwerdebereiche sein. Es kann durchaus sein, daß der Übende an anderer Stelle des Buches (zum Beispiel im Kapitel über Nervosität oder über Schlafstörungen) einen oder einige Sätze findet, die ihm für die Überwindung seiner ganz persönlichen Beschwerden besonders gut in den Kram passen. Dann kann er diese Worte oder Formeln einbauen. Nur nicht zu viele Sätze aus zu vielen Übungen. Das gibt sonst einen Formelsalat, der unter Umständen zu gar nichts führt.
Bevor Sie die Übung ändern, überlegen Sie genau, ob die Änderung für Sie wichtig und richtig ist. Ihre persönlichen Zusätze und Änderungen schreiben Sie mit weichem Bleistift einfach dazwischen oder an den Rand des Buches. Erscheint der Zusatz am nächsten Tag nicht mehr so wichtig oder nicht ganz richtig, dann radieren Sie die Anmerkung einfach wieder aus. Auch Psychotherapeuten arbeiten mit dieser Methode. Die haben einerseits den Vorteil großer Erfahrung, anderseits kennen sie den Patienten kaum jemals so gut, wie Sie sich inzwischen selbst kennen.
Hier nun ein paar ganz einfache Zusatzformeln:
- *Beim Magen-Herz-Komplex:* »Mein Magen ist warm und weich, und ich esse abends nur noch wenig« (wenn man an zu reiche Mahlzeiten gewöhnt war). »Mein Magen ist warm und weich und führt die Nahrung in den Darm hinunter. Ich freue

mich auf jeden Stuhlgang« (wenn der Stuhlgang fest und unregelmäßig ist). »Mein Magen ist warm und weich und drückt das Herz nicht mehr« (bei spürbar gespanntem Oberbauch). »Mein Magen ist weich und warm. Aufstoßen und Blähungen machen mich leicht und weich.« (bei »versetzten Winden« – lesen Sie aber bei Blähungen und starkem Aufstoßen auch das Kapitel 8 »Verstopfung«).

- *Bei Herz-Trainingsmangel:* Verlängerung und besonders häufige Wiederholung der Formeln Ruhe, Kraft, Wärme, nichts regt mehr auf, Herz ist stark bei Tag und Nacht. Darüber hinaus eine Zusatzformel besonders zu empfehlen: »Täglich strenge ich mich einmal an. Jeden Tag eine Anstrengung.« – Das muß dann aber auch tatsächlich gemacht werden! Es wäre ausgesprochen schädlich, im Zwiegespräch mit dem Unterbewußtsein den Organen, dem Innern, der Seele, der Psyche (oder wie immer Sie es nennen wollen), etwas vorzulügen!
- *Beginnende Verkalkung:* »Füße sind strömend warm und kräftig« (z. B. bei einschlafenden oder kalten Füßen). »Meine Muskeln sind strömend warm und stark. Ich bin stark und gesund« (bei Muskelschwäche). »Ich bin morgens froh und frei und kann wunderbar denken.« Oder: »Denken ist schön. Ich denke den ganzen Tag froh und frei, und abends gehen meine Gedanken schlafen.« (Bei Konzentrationsschwäche, Vergeßlichkeit). Oder noch einfacher: »Ich denke stark und schön, strömend warm und stark denke ich.« Oder: »Ich esse abends wenig und denke froh und frei« (bei zu hohem Cholesterinspiegel).
- *Bei labilem Hochdruck*: Das Wort »stark« aus dem Übungstext mehrere Male herausstreichen und durch »ruhig« oder »leicht« ersetzen. Verstärkung der Formeln Ruhe, ganz normal, nichts regt mehr auf, ruhig bei Tag und Nacht, alles ist ganz unwichtig. Zusatzformeln: »Mein Blut strömt leicht und frei.« Oder: »Mein Blut strömt leicht und frei bis in Hände und Füße.« Oder: »Blut strömt warm und leicht bis in Hände und Füße« (bei kalten Füßen).
- *Bei beginnender Herzschwäche:* Verstärkung und besonders häufige Wiederholung der Formeln Stärke, regelmäßig bei Tag und Nacht, Wärme, strömend warm. Zusätzlich: »Mein Herz ist stark, ein ganzes Leben lang.« Oder: »Mein Herz bleibt stark und jung« (was keine Lüge ist, denn gepflegte Herzen können tatsächlich lebenslang jung bleiben). Oder »Ich strenge mich jeden Tag ein bißchen an« (wenn körperliche Leistung schwerfällt. Die Leistung muß dann aber auch tatsächlich erbracht werden).

Noch einmal zur Erinnerung: Sie bilden sich Ihre Sätze einfach, kurz und mundgerecht. Hauptsache: Immer positiv, niemals so,

daß Sie sich dabei unwohl fühlen oder gar angstigen. Vollkommen verkehrt wäre z. B.: »Mein Herz muß wieder gesund werden.« Oder: »Herz darf nicht stehenbleiben.« Oder: »Herz soll nicht mehr so schrecklich klopfen und schmerzen.«
Sie haben diese Methode der positiven Sympathiewerbung vollkommen richtig verstanden, können nichts Wesentliches falsch machen und keinen Schaden anrichten. Das Dümmste, was Ihnen passieren kann, ist die Verzögerung des Erfolgs. Da aber vieles dafür spricht, daß Ihnen Ihr Autogenes Training Spaß macht, werden Sie es ziemlich lange und regelmäßig betreiben. Deshalb kann es Ihnen auch egal sein, ob der Erfolg nun morgen eintritt oder erst zwei Wochen später.
»Suggestibel«, also dem Erfolg von Einreden ausgesetzt, ist jeder normale, gesunde, intelligente Mensch. Haben Sie eine alte Pendeluhr in Ihrer Wohnung oder bei Bekannten? Dann machen Sie doch mal das folgende eindrucksvolle Experiment: Die alten Wandpendeluhren (Pendulen) haben meist um die 60 »tick-tack«-Schläge in der Minute. Fühlen Sie mal Ihren Puls und setzen Sie sich dann in die Nähe der alten Uhr. Nach einer Viertelstunde fühlen Sie den Puls noch einmal. Ergebnis: Er ist langsamer geworden. Der langsamere »Pulsschlag« der Pendeluhr hat Ihren Pulsschlag heruntergezogen, hat ihn beruhigt.
Bei sehr viel langsameren oder sehr viel schnelleren Uhren klappt das Experiment übrigens nicht mehr: Die Schlagzahl ist zu weit weg von der normalen Herzfrequenz. Herz und Uhr können nicht mehr »aufeinander eingehen«.

Was Sie für Ihr Herz sonst noch tun können

Sie hatten nie zuvor ein so wissendes, gutes und intensives Verhältnis zu Ihrem Herzen. Sie können sich jetzt viele Vorgänge im Innern erklären und wissen auch, daß Sie manche Beschwerden sozusagen selbst »verbockt« haben. Sie sind natürlich keine Heilige und kein Heiliger, lügen sich nichts vor und wissen ganz genau, daß in unserer Welt kein vernünftiger Mensch immer nur nach der Gesundheit leben kann. Ich glaube nicht daran, daß Gesundheitsfanatiker im Leben mit ihrer Umwelt bestehen können. Ebensowenig wie andere Fanatiker auch.
Trotzdem: Sobald man im engen Körperkontakt zu seinem Herzen steht und ein Gefühl für sein Herz bekommen hat, kann man

manche Fehler gegen die Gesundheit nicht mehr so ahnungslos begehen wie zuvor. Das Wissen um das Innenleben schützt vor schweren Fehlern.

Die Sachen mit dem starken Essen, Trinken und Rauchen, mit dem Bewegungs- und Schlafmangel, das Mißverhältnis zwischen zuviel Aufregung und zuwenig Abregung werden Sie sich jedenfalls in Ruhe überlegen. Sie »müssen« überhaupt nichts. Es kommt nur darauf an, was Sie »wollen« und welche Fehler Sie in Kenntnis Ihres Innenlebens einfach nicht mehr machen »können«.

Am großartigsten würden Sie sich selbst empfinden, wenn Sie, zugleich mit dem Autogenen Training, noch mehrere andere Register ziehen würden. Sie würden damit dem Bewußtsein und dem Unterbewußtsein zeigen, daß nun tatsächlich ein »bewußteres« Leben beginnt. Das hätte auf Seele und Organe einen sehr positiven Einfluß.

Ein fabelhafter Neubeginn wäre eine Herz- oder Kneippkur. Die hätte Ihr Herz tatsächlich verdient. Der Arzt, der solche Kur für Sie beantragen muß (damit die Kasse die Kosten ganz oder teilweise übernimmt), wird bestätigen, daß nervöse oder funktionelle Herzbeschwerden mit Kuren »kuriert« werden können.

Sie können aber ab sofort die thermischen Heilwirkungen des Wassers bei sich zu Hause erfahren. Nicht so gut wie bei einer Kur. Aber gut genug, um dem Herzen Wohltaten zu erweisen.

Wenn Sie der Magen-Herz-Komplex quält, treten Sie jeden Tag vor dem Schlafengehen 1 Minute lang bis zu den Waden im kalten Wasser der Badewanne. Im Wechsel mit dem Wassertreten setzen Sie sich an jedem zweiten Abend 30 Sekunden bis 1 Minute bis zum Bauchnabel ins kalte Wasser. Beide Übungen ergeben einen Sinn, wenn sie wirklich regelmäßig mehrere Wochen lang gemacht werden.

Beim Herz-Trainingsmangel sollten Sie morgens, und zwar täglich, einen kalten Guß riskieren. Zuerst nur ein Guß von der Zehenspitze bis zum Knie und wieder zurück von der Kniekehle bis zur Fußsohle. Erst rechtes Bein, dann linkes Bein. Wenn Ihnen das überhaupt nichts mehr ausmacht, gehen Sie mit dem Schlauch in der gleichen Weise bis an die Leistenbeuge. Nach einer weiteren Zeit nehmen Sie die Arme dazu, von den Fingern bis an die Schulter, von der Achsel zurück bis in die Innenhand. Erst rechts, dann links. Schließlich führen Sie den Schlauch bis zum Bauchnabel und dann bis zur Brust hinauf.

Als Schlauch für den Guß nehmen Sie einfach Ihre Dusche her und schrauben den Duschkopf ab. Der Strahl soll nicht aufprallen, sondern langsam auffließen. Kalt muß das Wasser sein – lauwarm hat keine Wirkung. Lieber also »nur« ein kalter Knieguß als ein lauwarmer Vollguß!

Bei beginnender Verkalkung machen Sie morgens einen kalten Kopfguß mit dem Schlauch: Mit Kaltwasser 1 Minute lang kreisend um das »Zifferblatt« herum und an Augen und Schläfen mehrmals kurz verharren. Abends ist Wassertreten oder ein kaltes Fußbad (1 Minute bis zu den Waden im Eimer) zu empfehlen. Auch das kalte Armbad (im Wechsel mit den Füßen) bis zu den Ellenbogen im Waschbecken (1 Minute) mit anschließendem Armpendeln ist ausgezeichnet.

Gegen Bluthochdruck: Morgens Knie- oder Schenkelguß, nach Feierabend kaltes Armbad im Waschbecken, vor dem Schlafengehen kaltes Wadenfußbad im Wechsel mit kaltem Sitzbad (je 1 Minute). Glänzend helfen außerdem feuchtkalte Fußwickel in »kurmäßiger« täglicher Folge, 4 Wochen lang. Nasse (nicht triefende) wollene Kniestrümpfe anziehen, trockene Strümpfe drüber, in Wolldecke wickeln, damit einschlafen. Nachts abstreifen oder anlassen.

Beginnende Herzschwäche wird wie Trainingsmangel behandelt. Außerdem ist das Herz davon abhängig, daß der Mensch richtig Luft holt. Das tun leider die wenigsten Menschen. Bitte lesen Sie doch das Kapitel »Schluß mit Atemnot« besonders genau, bevor Sie mit Ihren Übungen beginnen.

Ich habe Ihnen vorgeschlagen, mal an eine Herzkur zu denken. Dazu muß man wissen: Es gibt »geschlossene« Kuren in Sanatorien. Sie werden in der Regel von den Rentenversicherungen voll bezahlt, wenn entsprechende, relativ schwere Leidenszustände vorliegen. Der Kurpatient und sein Arzt stellen den Antrag. Den Kurort bestimmt die Versicherung. Der Patient ist in der Kurzeit krankgeschrieben.

Es gibt »offene« oder »freie« Badekuren. Sie werden in der Regel teilweise von den Pflichtkrankenkassen bezahlt (Kurmittel, Arzt, Kurtaxe). Der Kurgast und sein Arzt können alle drei Jahre einen Antrag stellen. Ein Rechtsanspruch auf die freie Kur besteht nicht. Der Kurgast muß für die Kurdauer (mindestens drei Wochen!) seinen Urlaub verwenden. Privatversicherte müssen mit ihrer Kasse immer vorher aushandeln, ob ein Kurzuschuß gewährt werden kann. Bei der freien Kur kann sich dann der Kurgast seinen (staatlich anerkannten) Kurort und seine Kurunterkunft (Hotel, Pension, Kurheim, Privatzimmer) selbst suchen.

7. Schluß mit Atemnot

Bei den Chinesen und auch in vielen japanischen Fabriken klingelt es in der Früh, und dann machen die fernen Nachbarn vom Direktor bis zur Putzfrau Gymnastik nach Anweisungen im Lautsprecher. Man mag von Revolutionen halten, was man will: Diese Revolution dient der Gesundheit!

Wäre der Wissenschaft die Sache nicht zu einfach, so hätte der Erfinder dieser Maßnahme den Nobelpreis für Medizin verdient: Die fünf Minuten für Atmung und Muskeltraining ersparen den Asiaten ein paar Millionen Frührentner.

Weil uns »aufgeklärten« Europäern solch Massentraining ganz und gar unmöglich erscheint, verkommt die Atmung mindestens bei allen sitzenden und stehenden Berufen mit den Jahren zum lahmen Japsen. Und damit beginnt im Körper ganz unmerklich eine Kettenreaktion des Verfalls:

- Zu faule Atmung – , leistungsschwache Lunge – , schlappe Zwerchfell-, Bauch- und Brustmuskeln.
- Zuwenig Sauerstoff im Blut, zu dickflüssiges Blut, schlechte Ernährung der Zellen.
- Zuwenig Abtransport von Körperschlacken, Absetzung von Körperschlacken in den Blutgefäßen, in Herz und Leber. Zuviel Atemgift im Blut.
- Miserabler Leberstoffwechsel, schlechte Blutreinigung in der Leber, Bildung von Fett-Depots im Körper.
- Allgemeine Körper-, Organ- und Muskelträgheit mit schlechter Verdauung und Stuhlverstopfung.
- Anfälligkeit für Infektionskrankheiten, Ausbruch von Stoffwechsel-Krankheiten, insbesondere Rheuma, Gicht, Diabetes.
- Organschäden »unbekannter« Herkunft. Zuerst erkrankt das jeweils schwächste Glied in der Organkette des einzelnen Menschen.

Wer noch jung und unternehmungslustig und bei Kräften ist,

denkt nicht an diese unheilvolle Kettenreaktion. Das ist der Jammer. Sonst könnten wir uns viele Beschwerden ersparen.
Tröstlich ist hingegen: Die Atmung, eine Schlüsselfunktion unseres Lebens, kann in jedem Lebensalter und bei fast jedem Kräfte- und Gesundheitszustand verbessert und fast immer fast vollkommen normalisiert werden.
Das wollen Sie jetzt tun, indem Sie sich mit Autogenem Training zuerst einmal die notwendigen Grundkenntnisse einverleiben, die Sie brauchen, um erfolgreiche Zwiesprache mit Ihrem Innenleben führen zu können.
Denn in diesem Buche wird nichts »verlangt«, was unverständlich bleibt und deshalb sinnlos erscheint.
Sie brauchen – und das werden Sie der Wissenschaft ohne weiteres glauben – in jeder Minute ungefähr acht Liter Luft. Im Schlaf weniger, bei Schwerarbeit viel mehr, das regelt Ihr Atemzentrum ja automatisch. Die menschliche Lunge ist darauf eingerichtet, mit einem durchschnittlichen Atemzug knapp einen halben Liter aufzunehmen. Sie hat ungeheure Reserven, die aber nur bei Anstrengungen eingesetzt werden. Das Atemzentrum funktioniert ohne den menschlichen Willen und läßt jeden von uns etwa 16- bis 20mal in der Minute ein- und ausatmen. Kein Mensch kümmert sich um diesen Vorgang.
Die Lunge ist aber kein einfacher Blasebalg, sondern ein Wunderwerk. Und das machen Sie sich jetzt mal deutlich: Binnen anderthalb Sekunden schlucken Sie also »im Stück« einen halben Liter Luft. Dieser Luftballon verteilt sich über den Bronchialbaum in Millionen Luftäderchen mit Milliarden »Blättern« dran. Das sind die Lungenbläschen. Innerhalb anderthalb Sekunden ist also die Luft auf Milliarden Mikro-Luftballons in der Lunge verteilt.
Bis zur Ausatmung bleiben nur noch weitere anderthalb Sekunden. Die Lunge hat die Aufgabe, in dieser fantastisch kurzen Zeit mit ihren Milliarden Lungenbläschen (Alveolen) aus der Luft eine Mokkatasse voll reinem Sauerstoff für das Blut auszufiltern und im gleichen Arbeitsgang ungefähr die gleiche Menge Kohlendioxyd aus dem Blut an die Ausatmungsluft abzugeben.
Der frische Sauerstoff wird von mikroskopisch feinen Blutgefäßen aufgesaugt, die jede Alveole umklammern.
Das verbrauchte Kohlendioxyd wird von anderen mikroskopisch feinen Blutgefäßen an die Alveolen abgegeben.
Der Stoff-Austausch zwischen den Häuten der Lungenbläschen und den Blutgefäßen wird mit ein paar chemischen Kunststückchen bewerkstelligt. Ohne darauf einzugehen, können Sie sich vorstellen, wie genau die chemische Mischung in den winzigen

Labors stimmen muß, damit die Sache funktioniert – 20mal in jeder Minute des Lebens, 1200mal in der Stunde, 28800mal am Tag, 10,5 Millionen Mal im Jahr – und das wenn möglich 80 Jahre oder länger.
Sie brauchen auch kein Facharzt für Erkrankungen der Atmungswege zu werden, um sich vorzustellen, daß Milliarden solcher winziger Chemiewerke unter Umständen verkümmern oder kaputtgehen können. Bekanntlich bricht ja eine kleine chemische Reaktion schneller zusammen als die gleiche Reaktion in einem großen Topf.
Lungenbläschen gehen kaputt durch Bakterien (z. B. Tuberkel), durch Gifte (z. B. Teer), durch Platzen (z. B. chronischen Raucherhusten), durch Ersticken (z. B. Verstopfung der Zellwände). Und sie werden welk und schlapp durch miserable Atmung.
Sie wissen jetzt genug über die Atmung, um den Vorsatz zu fassen: »Ich möchte meiner Atmung gern einen Dienst erweisen.« Aber geht das denn überhaupt? Wir wissen doch, daß die Atmung ganz automatisch erfolgt! Nun, so ganz automatisch doch nicht.
Sobald man nämlich an die Atmung denkt, kann man sie beeinflussen.

So können Sie Ihre Atmung testen

Sie wissen jetzt, daß der Mensch 16 bis 20 Atemzüge in der Minute braucht. Darauf ist er eingerichtet. Körperlich träge Leute atmen mit den Jahren leider oftmals weniger. Das Atemzentrum wird faul. Folge: Sauerstoffmangel.
Sie können sich Ihre Armbanduhr vornehmen und die Zahl der Atemzüge messen. Das Dumme dabei: Sie denken in diesem Moment an die Atmung, und es ist nicht sicher, daß Sie auch bei unbewußter Atmung genauso atmen. Besser ist also: Sie prüfen bei Ihrem Partner, wie oft er pro Minute atmet. Und zwar so, daß er es gar nicht merkt. Und Sie bitten Ihren Partner, das bei Ihnen genauso heimlich zu machen. So bekommen Sie ehrliche Werte.
Menschen ohne körperliches Training atmen oft nur 12- bis 14mal in der Minute. Wie können sie das ändern?
1. Durch eine körperliche Anstrengung täglich: Treppensteigen, Dauerlauf, Sport, Radfahren, Schwimmen, Tischtennis, Gymnastik. Jeden Tag eine Anstrengung. Keinen Tag auslassen.
2. Durch täglich fünf Minuten Atemtraining: Nach der Uhr fünf Minuten lang möglichst genau 20 Atemzüge machen und darauf

achten, mit dem Bauch zu atmen (nicht mit der Brust). Tägliches Atemtraining verführt das Atemzentrum dazu, seine träge Tätigkeit mit der Zeit zu beschleunigen.
3. Immer wenn Sie bei der Arbeit im Büro oder im Haushalt mal an die Atmung denken, machen Sie ein paar ruhige, tiefe Atemzüge mit Bauchatmung. Bei der Bauchatmung wird das Zwerchfell, der Hauptatemmuskel gekräftigt. Das hilft, flache Atmung allmählich zu vertiefen.
Sie wollen jetzt mit Autogenem Training der trägen Atmung auf die Sprünge helfen, um sich künftig frischer und kräftiger zu fühlen. Da Sie ganz genau wissen, was Sie erreichen wollen, ist Ihnen der Erfolg sicher.
Darum werden Sie sich jetzt zu der bereits bekannten Grundübung (Kapitel 3) die spezielle Zusatzübung »Schluß mit Atemnot« aneignen. Die werden Sie, wie gewohnt, zuerst einmal in Ruhe durchlesen. Dann werden Sie die Worte streichen, die Ihnen nicht gefallen. Falls es solche Worte überhaupt gibt. Dann werden Sie dafür Worte einsetzen, die nach Ihrem Schnabel gewachsen sind. Nichts in der Übung darf Sie stören, Ihnen unsympathisch, geschwollen oder lächerlich vorkommen.
Dann werden Sie beginnen, die autosuggestiven Sätze langsam in Ihr Inneres hineinzureden, hineinreden zu lassen oder vom Tonband einzuspielen.
Falls Sie die fertige Kassette wünschen, können Sie diese beim Autor des Buches bestellen (vgl. hierzu die Fußnote auf Seite 19).

Das ist der Text, den Sie für bessere Atmung brauchen

Der folgende Text wird zur Behandlung der Atemnot auf Seite 41 bei dem Zeichen × an den Grundtext angehängt.

Mit jedem Atemzug sinkt mein Körper jetzt immer tiefer und tiefer in einen angenehmen Ruhezustand. Jeder Atemzug macht mich ruhig und strömend warm. Der Atem ist ruhig und stark, regelmäßig und stark. Jeder Atemzug gibt mir Kraft und Ruhe. Ich atme kräftig und ruhig, regelmäßig und stark. Mein Atem macht mich ruhig und frei.
Strömend warm zieht mein Atem durch den Bauch, bis in mein Herz hinein. Der Atem gibt mir Kraft und strömende Wärme,

von Kopf bis Fuß. Alle Muskeln und Nerven sind ruhig, denn der Atem strömt warm und kraftvoll in Bauch und Herz. Die strömende Wärme jedes Atemzugs macht mich stark und ruhig. Ich atme stark und ruhig, stark und ruhig. Alles ist ruhig in mir. Mein ganzer Körper ist ruhig und stark durch meinen Atem.

Alles in mir ist jetzt ganz ruhig. Nichts stört mich mehr. Ich höre nur noch die Stimme. Sie macht meinen Atem stark. Ganz ruhig und stark. Ich atme mit dem Bauch ruhig und stark. Tag und Nacht, immer mit dem Bauch, ruhig und stark. Immer, wenn ich an meinen Atem denke, atme ich mit dem Bauch ruhig und stark. Ich fühle mich jetzt glücklich und geborgen, ganz glücklich und geborgen. Nichts stört mich mehr. Nichts regt mich auf. Ich atme mit dem Bauch ruhig und stark.

Durch den Atem strömt mein Blut ruhig und warm. Das warme Blut durchströmt meinen Magen, mein Herz, meine Lunge. Mein frischer, freier Atem strömt mit dem Blut durch meinen ganzen Körper. Ich lege jetzt meine Hand auf den Bauch und spüre meinen starken, strömenden, ruhigen Atem. Ich fühle unter meiner Hand, wie mein Atem warm den Körper durchströmt. Die ruhige, strömende Wärme gibt mir Ruhe und Kraft. Nichts ängstigt mich mehr. Nichts regt mich auf. Ich atme immer ganz ruhig, stark und strömend warm. Ich atme mit dem Bauch.

Mein Bauch ist jetzt völlig entspannt und warm. Der Atem, jeder Atemzug, macht meinen Bauch strömend warm und entspannt. Alles in mir ist ganz locker, strömend warm und stark. Mein Bauch atmet strömend warm, stark und ruhig, ganz entspannt. Alles in mir ist jetzt entspannt und warm. Die Wärme strahlt in den ganzen Körper, in meine Brust. In dieser Ruhe öffnet sich weit das Tor zum Unterbewußtsein. Und jedes Wort ist jetzt ein Samenkorn, das in mein Unterbewußtsein eingeht und eine heilende Wirkung auslöst. Meine Worte heilen mich. Sie geben meinem Atem Kraft und Stärke. Nichts stört mich mehr. Nichts regt mich auf. Ich atme stark und ruhig, gleichmäßig und warm. Ich höre jetzt nur noch die Stimme. Meine Stimme übt eine heilende Wirkung aus. Ich atme stark und ruhig, stark und ruhig. Jedes Wort dringt tief in mein Unterbewußtsein. Wie ein Samenkorn in guter Erde. Jedes Wort macht mich stark, macht meinen Atem frei und stark, ruhig und warm.

Die Wärme macht meine Brust ruhig und frei. Ich atme warm, ruhig und frei. Die Wärme macht mich stark und glücklich. Atmen ist schön, wunderschön, frei und leicht und warm. Ich atme mit dem Bauch wunderschön warm und frei. Die wunderschöne Wärme strahlt in meine Brust und in mein Herz. Alles in mir ist jetzt frei und stark, ruhig und warm. Ich atme glücklich

und frei. Alles in mir ist glücklich, frei und ruhig. Mein Atem ist frei und unbeschwert. Er macht mich glücklich und froh. Nichts beengt mich. Mein Atem macht mich glücklich und frei. Mein Atem erfüllt mich. Er durchströmt mich vom Kopf bis zum Bauch. Die Wärme gibt mir Ruhe und Geborgenheit.
Ich atme jetzt immer tief und ruhig. Immer, wenn ich auf meine Stimme höre, immer, wenn ich an meinen Atem denke, immer atme ich tief und ruhig, glücklich und frei. Immer, wenn ich ein- und ausatme, füllen sich alle Organe, alle Zellen meines Körpers mit Ruhe und Wärme. Mein Unterbewußtsein tut alles für mein Leben. Mein Leben ist schön. Ich bin ganz ruhig und glücklich. Mein Unterbewußtsein gibt mir alles, was ich brauche. Es atmet mich stark und ruhig, warm und frei. Mein Unterbewußtsein atmet mich stark, ganz stark und ruhig. Alle Organe, alle Zellen meines Körpers sind voller Ruhe und Wärme. Mein Atem gibt ihnen Ruhe und Wärme. Mein Atem gibt mir Kraft und Geborgenheit. Mein Leben ist schön. Ich bin frei und glücklich. Nichts drückt mich mehr. Nichts macht mir Angst.
Mein Unterbewußtsein atmet mit mir. Ich atme mich ruhig und stark. Immerzu, Tag und Nacht, atme ich ruhig und warm, glücklich und frei. Der Atem erfüllt meinen ganzen Körper mit Ruhe und Wärme. Der Atem erfüllt mich. Der Atem ist schön, schön und leicht. Das Unterbewußtsein atmet mich stark und ruhig. Jeder Atemzug, jeder Atemzug, jeder Atemzug macht mich ruhig und warm, frei und stark. Nichts erschrickt mich mehr, nichts ärgert mich. Ich bin frei. Ich atme mich frei. Mein Unterbewußtsein atmet mich frei. Mein Leben ist schön. Nichts macht mir Angst. Ich bin wunderbar frei und ruhig. Ganz egal, was geschieht, ganz egal, wer vor mir steht – ich atme ruhig und frei. Immer ganz ruhig und frei. Ich atme immer ruhig ein und aus und ein und aus – und ein und aus – und ein und aus ...
Ich werde mein Leben jetzt viel schöner führen. Mein Leben wird jetzt schöner. Schöner und freier. Weil ich immer frei atme. Ich werde mit allen Menschen zurechtkommen. Kein anderer kann mich ängstigen. Weil ich stark und frei bin. Ruhig und frei. Ich atme immer ruhig und frei, ein und aus und ein und aus – und ein und aus . . . Ich sage offen meine Meinung, wenn mir etwas nicht gefällt. Ich sage offen meine Meinung und atme dabei immer tief und ruhig, tief und ruhig ein und aus, und ein und aus – und ein und aus . . . Mein ruhiger, starker Atem verläßt mich nie. Ich halte ihn niemals zurück. Denn ich atme mich stark und frei, Tag und Nacht, egal, wo ich bin, egal, was andere sagen. Immer atme ich ruhig und strömend warm ein und aus – und ein und aus – und ein und aus . . .

Ich atme aus – und bin frei. Und ich atme ein – und bin frei. Ich atme aus und ein und bin immer ganz frei. Ganz frei atme ich aus und ein, aus und ein. Ein ganz neues Leben beginnt für mich, weil ich ruhig und frei, immerzu ruhig und frei aus- und einatmen kann. Ganz leicht, ganz leicht, ich kann immer ganz frei aus- und einatmen.

Jetzt ist es genug: Zeit zum Schlußmachen

Wenn Sie bis hierher Ihre Atemübungen ganz langsam und ruhig durchgelesen haben, wird es Zeit, die Übung zu beenden. Sie prägen sich sinngemäß, mit eigenen Worten, den Text ein, wissen genau, worauf es ankommt und beenden die Übung nach ungefähr 15 bis 20 Minuten. Grundübung (3. Kapitel) und angehängte spezielle Übung – hier: »Schluß mit Atemnot« sind so aufgebaut, daß man in 15 bis 20 Minuten alle wichtigen Worte und Sätze hinreichend ruhig sprechen und oft genug in sich gekehrt wiederholen kann. Sie wissen, daß die verinnerlichte, eindringliche und trotzdem monotone Wiederholung ein Teil der Methode ist, die zum Erfolg führt. Sie kennen das Sprichwort, daß die Wiederholung die Mutter aller Weisheit ist. Sie prägen sich die Sätze und Formeln durch Wiederholung an jedem Tag allmählich in Ihr Unterbewußtsein ein. Und das gibt Ihnen dann die Ruhe für einen tiefen, gleichmäßigen gesunden Atem.
Sie machen alles richtig und lassen sich durch keinen Besserwisser beirren. Ihre Einreden sind langsam, verinnerlicht und voller Wiederholungen. Worte, die Ihnen aus dem vorgeschlagenen Text nicht gefallen, streichen Sie einfach heraus und ersetzen sie durch eigene Worte. Wenn Sie mit der Zeit nicht auskommen, streichen Sie an denjenigen Stellen, die Sie am entbehrlichsten halten.
Sie überziehen die Zeit nicht über die 20-Minuten-Grenze. Denn bei der Atemübung ist es wie in allen anderen Lebenslagen auch: Zuviel des Guten ist schädlich. Bitte schauen Sie zur Kontrolle der ersten Übungen nicht auf die Uhr und stellen Sie keinen Wecker, der Sie laut klingelnd aus Ihrer Verinnerlichung herausreißt. Vereinbaren Sie mit Ihrem Pantner ein sanftes, möglichst »indirektes« Zeichen: z. B. das leise Öffnen einer Tür oder eines Vorhanges, das Einschalten eines gedämpften Lichts hinter der Tür oder in einer Zimmerecke.

Wenn Sie dann soweit sind, beenden Sie in aller bereits geübten und gewohnten Ruhe Ihre Übung mit den Schlußformeln, indem Sie, wie auf Seite 45 vorgeschlagen, von eins bis fünf zählen, sich aus der Verinnerlichung herauslösen und wieder den ganz gewöhnlichen Wachzustand anstreben. Das gelingt sofort, sozusagen automatisch. Vermeiden Sie nur alles Sprunghafte, Hastige, Abrupte, das die Ruhe der Atemübung, Ihres erfolgreichen Autogenen Trainings beeinträchtigt oder gar kaputtmacht.

Hier geht es um Ihre ganz spezielle Atemnot

Sie sind jetzt in der Lage, mit der Grundübung (Kapitel 3), der angehängten Übung gegen Atemnot und den Schlußformeln Ihre Atmung zu verbessern und Atembeschwerden mit der Zeit vollkommen zu überwinden. Sie sind mit der Methode vertraut und können sich anhand verständlicher Erklärungen von der Logik der Methode überzeugen. Ihr Vertrauen in die Nützlichkeit erfordert keine blinde »Gläubigkeit«, sondern ergibt sich ganz natürlich aus der Summe der Erklärungen und Ihrer eigenen Erfahrungen.

Nun haben wir das Kapitel etwas pauschal mit der Formel »Schluß mit Atemnot« überschrieben. Es gibt aber nicht nur eine einzige Form von »Atemnot«.

1. Atemnot kann sich schleichend ausbreiten, weil der Mensch den ganzen Tag sitzt und niemals auch nur eine einzige Anstrengung vollbringt. Diese sehr leichte Atemnot entdeckt man an sich selbst nur, indem man ziemlich oft tiefe »Seufzer« macht. Oder indem man zu japsen beginnt, wenn man sich wirklich mal etwas kräftiger bewegt. Oder indem man einfach ständige Trägheit und Mattigkeit empfindet.

2. Atemnot kann sich sehr drastisch als Folge andauernder Bronchitis, Lungenentzündung, chronischen Hustens oder eines jahrelangen Raucherhustens einstellen.

3. Atemnot kann anfallsweise als Asthma auftreten. Meist beginnt Asthma schon in der Jugend, grundsätzlich kann es aber in jedem Lebensalter ausbrechen. Die sehr ernste Krankheit bedarf unbedingt ärztlicher Führung. Die hier vorgeschlagene Atemübung kann aber in jedem Falle parallel zu ärztlichen Maßnahmen gemacht werden. Sie stellt kein Risiko dar, solange der Patient

nicht noch zusätzlich unter schweren psychischen Störungen leidet.

4. Atemnot kann Begleiterscheinung und Symptom einer Herzkrankheit sein. Dann – und nur dann ist die vorstehende Übung »Schluß mit Atemnot« ungeeignet. Es ist nötig, den Arzt aufzusuchen. Nur wenn eine schwere organische Herzkrankheit ausgeschlossen ist, kann der Leidtragende Autogenes Training unbedenklich durchführen – in diesem Falle aber dann die Übung »Schluß mit Herzneurosen«. Atemnot als Symptom von Erkrankungen des Herzens tritt immer in Begleitung anderer Herzbeschwerden auf. Bitte studieren Sie in diesem Falle das Kapitel »Schluß mit Herzneurosen«, das auf Seite 80 beginnt.

In den Fällen 1 bis 3 wird Atemnot mit der vorstehenden Übung erfolgreich gebessert. Der Erfolg wird um so größer sein, als der Übende je nach Beschwerdebild eine oder zwei spezielle Formeln einbaut, und zwar niemals in die Grundübung (Kapitel 3), sondern immer in den speziellen Teil »Schluß mit Atemnot«, der auf den Seiten 98 f. abgedruckt ist.

Sie basteln sich diesen Satz selbst zurecht. Die folgenden Vorschläge können Sie wörtlich übernehmen oder sinngemäß mit eigenen Worten wiedergeben. Bei diesen ein oder zwei Sätzen bleiben Sie dann während Ihrer ganzen Übungszeit und basteln nicht jeden Tag an der Übung herum. Deshalb überlegen Sie vorher ganz genau, ob Änderungen und Zusätze für Sie wirklich wichtig und richtig sind. Die Änderungen tragen Sie mit Bleistift in den gedruckten Text ein. Erst wenn Ihnen der Text am nächsten Tag auch noch gefällt und richtig erscheint, beginnen Sie mit der Übung.

Sie sind dann ganz sicher, daß genau das die richtige Übung für Sie ist.

Sie sagen immer alles positiv und niemals so, daß Sie dabei Angst bekommen oder Bedrückung empfinden, oder es Ihnen den Atem nimmt oder etwas albern vorkommt. Sie werden Ihrem Innenleben immer schmeicheln – auch wenn Sie sonst kein Schmeichler sind. Schließlich kann man ja zu sich selbst so gut sein, wie man will. Andere brauchen das nicht unbedingt zu erfahren. Auf keinen Fall erteilen Sie Ihrem Innern, dem Unterbewußtsein barsche »Befehle« oder »Verbote«. Also etwa: »Nun atme doch kräftig aus, du verdammte Lunge!« Oder: »Ich darf nie wieder Angst haben oder Kummer schlucken!«

Sie finden jetzt ganz sicher die richtigen Worte und Formeln, wenn Sie die folgenden Beispiele durchgelesen haben:

Bei Atemnot durch Trainingsmangel (Fall 1): »Ich bin stark und will jeden Tag eine kleine Anstrengung machen.« Oder: »Immer,

wenn meine Stimme es sagt, werde ich gleich eine kleine Anstrengung machen.« Oder: »Ich werde immer stärker, weil ich täglich eine kleine Anstrengung mache.« Oder: »Es ist schön, daß ich mich täglich ein ganz kleines bißchen anstrenge.«
Bei Atemnot durch chronische Bronchitis, chronischen Husten oder Raucherhusten (Fall 2): Verstärkung und Wiederholung der Formeln Wärme und Ruhe. Zusätzlich »Ich atme stark und überwinde meinen Husten.« Oder: »Mein Atem wird stark ganz ohne Husten.« Auch Raucherhusten wird sich wahrscheinlich durch die Übung bessern. Aber »heilen« kann er nicht, solange die Ursache weiterbesteht. Starke Raucher (Kettenraucher) mögen deshalb den besonderen Abschnitt »Training gegen Nikotingewöhnung«, Seite 153 ff. studieren. Nützliche Formeln gegen den Raucherhusten sind: »Ich rauche jetzt weniger und huste bald nicht mehr.« Oder: »Mein Husten heilt, weil ich weniger (nicht mehr) rauche.« Aber Vorsicht: Sie dürfen Ihr Innerstes nicht absichtlich belügen. Was Sie nach innen suggerieren, muß auch wirklich stimmen. Sonst werden Sie eine ganz und gar kaputte, gespaltene Persönlichkeit, bei der sich Bewußtsein und Unterbewußtsein gegenseitig belügen und anschmieren.
Bei Atemnot durch Asthma (Fall 3): Legen Sie besonderen Wert auf die letzten zwei Abschnitte der Übungsformeln (Seite 103 und 104). Verwenden Sie bis zu einem Viertel der Gesamtübungszeit auf diesen Teil. Streichen Sie getrost dafür andere Teile und kürzen Sie auch die Grundübung (Kapitel 3) etwas. Ändern Sie die letzten Abschnitte, indem Sie besonders die Ausatmung betonen: »Ich atme tief und ruhig aus und wieder ein. Aus und wieder ein. Aus und ein – und aus und ein, Tag und Nacht ganz ruhig aus und ein.« Immer die Ausatmung an die erste Stelle setzen! In der Übung für Asthmatiker sind alle Formeln von besonderem Gewicht, die Vertrauen und Liebe zum Leben wecken, die die Angst vor der Atmung oder vor anderen Leuten nehmen. Wiederholen Sie diese im Text enthaltenen Formeln besonders eindringlich und häufig.
Heuschnupfenkranke können die Übung »Schluß mit Atemnot« ebenfalls ausprobieren. Ein festes Hilfsversprechen kann nicht gegeben werden. Es ist den Versuch wert, der allemal die Atmung verbessert und damit Voraussetzungen zur leichteren Überwindung des Heuschnupfens schafft. Es kommt beim Heuschnupfen-Allergiker wahrscheinlich sehr darauf an, mit der Übung rechtzeitig vor dem Pollenflug zu beginnen, um in der Risikozeit die Methode zu beherrschen. Wer sich im Januar schon die Methode zu eigen macht, wird womöglich ohne Heuschnupfen über den Sommer kommen, wenn er täglich Autogenes Training

anwendet. Eine Zusatzformel wie »Die Natur ist schön. Und ich lebe friedlich mit ihr« ist sicher hilfreich. Wem noch die stärkere Formulierung angenehm ist, der mag sie anwenden: »Blumen und Blüten sind schön, und ich lebe friedlich mit ihnen.« Aber sprechen Sie das Wort »Pollen« nicht direkt an – das kann schon wie eine Holzhammermethode auf Ihre durch Pollen angekratzte Seele wirken.

Es gibt auch so etwas wie einen »nervösen Schnupfen«, der mit Bakterien und Viren nichts zu tun hat, sondern bei Sensiblen wirklich ausbricht, weil sie gegen irgendwen oder irgendwas »verschnupft« sind. Ihnen wird die Atemübung ausgezeichnet helfen. Sie können, wenn Sie wollen, eine spezielle Formel einbauen. Etwa so: »Nichts stört mich, niemand stört mich – ich atme offen und frei.«

Was Sie sonst noch für die Atmung tun können

Binnen kurzer Übungszeit kommen Sie mit Ihrer Atmung schon deutlich besser zurecht. Sie fühlen, daß Sie kräftiger, frischer und freier werden. Sie werden »Atem-bewußt« und atmen besser als andere Leute. Sie sind stolz auf das, was Sie gemeinsam mit Ihrer Lunge (als Teil des Innenlebens) alles zu Ihrem Nutzen anfangen können. Die »Organsprache«, die Zwiesprache zwischen Bewußtsein (Wissen und Wollen) und Unterbewußtsein wird immer vertrauter.

Hören Sie nun bitte auch gut zu, wenn Sie das Gefühl haben, Ihr Inneres, Ihre Organe hätten Ihnen etwas »zu sagen«. Vermutlich werden die Organe Ihnen nach einiger Ubungszeit anvertrauen, daß sie mehr körperliche Anstrengung möchten. Wohlgemerkt: vernünftige körperliche Anstrengung – keine Strapazen, keine ehrgeizigen »Trimm-dich-Übungen« mit der Stoppuhr. Sie werden auch spüren, daß Ihrer Lunge Zigaretten in Massen ausgesprochen zuwider sind. Geben Sie dieser »Inneren Stimme« recht und erfüllen Sie Wünsche, die aus dem Innersten Ihrer Seele kommen. Die Erfüllung solcher Wünsche fällt leicht, wirkt befreiend und kräftigend. Sie erlegen sich ja keinen quälenden Zwang auf.

Es gibt viele Möglichkeiten, dem Innenleben einen Dienst zu erweisen. Sie wissen bereits, daß Sie eine tägliche kleine körperliche Anstrengung brauchen. Sie soll nicht lästig sein, sondern

Spaß machen. Deshalb reden Sie jetzt mit Ihrem Partner, mit Freunden, Kollegen darüber, an welchen Tagen welche sportlichen Übungen gemeinsam stattfinden können: z. B. Ballspiele in der Mittagspause, kegeln am Abend, radfahren am Wochenende, schwimmen, Tischtennis, Skilauf (Langlauf) usw. Auch die Sauna ist für Leute mit etwas Atemnot ausgezeichnet geeignet, wenn man es mit Hitze (auf der unteren Bank bleiben), Nässe (keine übertriebenen Aufgüsse), Zeit (niemals mehr als 8 Minuten) und Zahl der Gänge (höchstens drei) nicht übertreibt. Außerdem soll man zwischen den Saunagängen wenigstens 20 Minuten ruhen. Kurze (5 bis 10 Sekunden) Schlauchgüsse sind für Untrainierte besser als das kalte Tauchbecken. Herzschwache, Rheumatiker, Asthmatiker sollen rapide Kälteschocks überhaupt meiden und sich mit einem kalten Schlauchguß bis zum Knie oder bis zur Leistenbeuge begnügen. Nicht die Bravour bringt neue Lebenskraft, sondern die Regelmäßigkeit, mit der Sie künftig täglich eine kleine körperliche Anstrengung mit »Spaß an der Freude« vollbringen.
Darüber hinaus möchte ich alle Büroarbeiter und Leute mit sitzenden Berufen bitten, sich einen Jux draus zu machen und nie mehr mit dem Fahrstuhl zu fahren. Laufen Sie alle Treppen im Büro und im Mietshaus. Reservieren Sie sich auch in Hochhäusern vier bis sechs Etagen für Ihre Fußarbeit! Trödeln Sie nicht – sondern laufen Sie stramm die Stufen hinauf. Lassen Sie die Trägen ruhig frozzeln, wenn Sie schnaufen. Schnaufen ist gesund. Liften ist töricht.
Sie brauchen Ihre Atmung wirklich niemals zu schonen. Sie bekommt während des Nachtschlafs genug Ruhe. Scheuen Sie weder Nässe noch Kälte noch trockene Hitze, um sich in Gottes freier Natur etwas anzustrengen. Reißen Sie den Mund auf, sobald Sie mehr Luft brauchen. Zur Erkältungsangst gibt es nur Grund, wenn Sie immerzu in warmen Stuben hocken. Gehen Sie mindestens einmal täglich an die frische Luft.
Lachen ist gesund für die Atmung. Der Volksmund spricht ja auch vom zwerchfellerschütternden Lachen. Das Zwerchfell, das als Hauptatemmuskel für eine vernünftige Atemtiefe sorgt, wird beim Lachen massiert. Fröhliche Leute sind deshalb meist bessere Atmer.
Kaltwasser ist gut für die Atmung. Nutzen Sie jede Waschung am Morgen, jedes Bad nach Feierabend oder vor dem Schlafengehen, um sich am Schluß einen kalten Guß zu verpassen. Schrauben Sie einfach von Ihrer Handdusche den Duschkopf ab und begießen Sie mit dem Schlauch den Körper, immer von unten nach oben, immer zuerst die rechte, dann die linke Seite. Begnügen Sie sich

am Anfang mit einem Kaltguß bis zu den Knien. Steigern Sie den Guß nach einiger Zeit bis zu den Leistenbeugen. Begießen Sie dann auch die Arme von den Fingerspitzen bis hinauf zur Schulter. Begießen Sie schließlich, von unten nach oben, den ganzen Körper so hoch hinauf, wie es Ihnen angenehm ist. Bald wird Ihnen ein Vollguß überhaupt nichts mehr ausmachen.
»Richtige« Kneipp-Anhänger werden an dieser Stelle einwenden, daß ein vollwertiger Kneipp-Guß nicht so einfach ist, wie das hier dargestellt wird. Das ist richtig. Wer es »hundertprozentig richtig« machen will, kann sich ein entsprechendes Buch kaufen oder auf einer Kneippkur die Kunst der Güsse perfekt erlernen. Die hier erklärten Wasser-Anwendungen zur Unterstützung des Autogenen Trainings reichen aber aus, um die erfrischende, kräftigende, heilende Wirkung des Wassers zu erfahren und ohne komplizierte Lernübungen einen Anfang zu machen.
Bronchitikern, chronischen Hustern und Raucherhustenkranken möchte ich außerdem noch raten, jeden zweiten Tag einen kalten Brustwickel zu machen. Auch der ist einfach anzulegen: Ein nasses (nicht triefendes) Bettlaken dreimal der Länge nach falten und unter der Achsel ansetzen. Fest um die Brust wickeln. Ein trockenes Laken ebenso fest drumherum. Dann eine reinwollene Decke genauso fest herumwickeln. Und nun ins Bett und gut zugedeckt eine Stunde schwitzen. Der Schweiß kommt ganz von selbst.
Den Wickel können Sie frühmorgens machen – dann aber nach dem Auswickeln 20 Minuten Nachruhe und anschließend mit kaltem Frotteelappen abwischen. Oder vor dem Schlafengehen. Auch dann kalt nachwaschen und mit trockener, frischer Nachtkleidung ins warme Bett.
Gegen Husten und Bronchitis hilft außerdem Frischpflanzensaft von Thymian (Apotheke, Drogerie, Reformhaus).
Wer sich dazu entschließen kann, täglich als Feierabend-Getränk einen Tee zu trinken, dem sei die folgende Mischung empfohlen: 2 kräftige Fingerprisen Thymian, je eine Prise Salbei, Schafgarbe und Huflattich. Die Trockenkräuter werden mit ¾ Liter Kochwasser übergossen. Der Sud wird zugedeckt, 20 Minuten stehen gelassen und dann in eine Thermosflasche gegossen. Honig macht den Tee schmackhaft und hat zusätzliche heilende Wirkung. Wer Gewichtsprobleme hat, kann mit Süßstoff vorliebnehmen. Wem der Salbei zuwider ist, der mag ihn einfach weglassen und von den übrigen Kräutern etwas mehr nehmen.
Sie wollen auf jeden Fall versuchen, von starken Tabletten Abstand zu nehmen, auf sanfte natürliche Hustensäfte umzusteigen. Asthmatiker und an Lungenemphysem leidende Menschen müs-

sen dazu ihren Arzt befragen. Viele moderne Ärzte sind bereit, ihre Patienten bei Bemühungen zu unterstützen, die allmählich von starker Medizin wegführen. Sie werden wahrscheinlich raten, die tägliche Menge der Medikamente ganz vorsichtig zu verringern und teilweise durch sanftere Mittel zu ersetzen. Aber es wird auch ernste Fälle geben, wo der Facharzt diesen Versuch nicht für richtig hält. Dann soll man seinen Kopf auch nicht wider besseres Wissen durchsetzen.

Das Autogene Training für eine bessere, kräftige Atmung bleibt auch diesen Kranken allemal gestattet. Es kann niemals Schaden anrichten.

Gerade liest ein Freund von mir das Manuskript. »Du«, sagt er, »das Wort Autogenes Training stimmt nicht in jedem Falle. Es wird Oberlehrer geben, die Dir diese Ungenauigkeit ankreiden.«

Das Problem ist mir von Anfang an bewußt. »Autogen« ist das Training nur dann, wenn sich der Übende die Formeln selbst zuspricht. Die Übung mit einem Tonband müßte man genauerweise als »autonom« bezeichnen. Die Suggestion mit Hilfe des Partners ist weder autogen noch autonom.

Ich habe mit einem Internisten darüber gesprochen, der Sonder- und Mischformen des Autogenen Trainings zur Heilung Asthmakranker einsetzt. Er hat mir geraten: »Bleiben Sie bei dem Begriff »Autogenes Training«. Immer neue Begriffe verwirren nur, helfen aber nicht heilen.

8. Schluß mit Verstopfung

Als mit amerikanischer Hilfe der moderne Flughafen von Abidjan, der Hauptstadt der Elfenbeinküste, gebaut wurde, arbeiteten zu Hunderten farbige Leute an der Planierung der riesigen Flächen. Die Eingeborenen kamen von ziemlich weit her aus zahlreichen Buschdörfern. Die Arbeiten zogen sich in die Länge – und es trat das Problem auf, die Neger mit Nahrung aus heimischer Küche zu versorgen.

Technisch gesehen lösten die Amerikaner das Problem glänzend: Sie versorgten die Farbigen kurzerhand mit eingeflogenem Kartoffelpulver, Milchpulver, Instantmehl, Konservenfleisch, Dosenfisch, feinster Marmelade, selbst mit konservierten Früchten und Nescafé. US-Köche bereiteten die Gerichte schmackhaft zu, und die Eingeborenen fanden das Essen so exotisch wie wir spanische Paella.

Ein paar Tage später meldeten sich die Neger massenhaft krank: Sie waren verstopft.

Ärzte vermuteten zunächst Umstellungsprobleme. Doch die Beschwerden hielten an. Ein wissenschaftlicher Tüftler im US-Hospital fand schließlich heraus, daß die ganze sogenannte »verfeinerte« Nahrung der so schrecklich »zivilisierten« Welt für naturgewohnte Verdauungsorgane vollkommen ungeeignet ist. Er stellte durch Untersuchungen in mehreren Ländern fest, daß Naturvölker bei ihrer traditionellen Nahrung eine Darmpassage von nur etwa 16 bis 24 Stunden haben, während moderne Stadtmenschen für die Verdauung einer Speise durchschnittlich 36 Stunden benötigen, oftmals sehr viel mehr.

Laien denken, daß es doch schließlich ganz egal sei, ob die Verdauungsreste einen Tag oder zwei im Körper lagern. Das ist ein verheerender Irrtum. Es scheint, daß der Irrtum in einer blödsinnigen Prüderie begründet ist. Während sich viele andere Sitten so sehr gelockert haben, daß man sich fragen muß, wozu das denn nun wirklich gut sein soll, ist der Stuhlgang »tabu« geblie-

ben. Der Lehrer redet nicht drüber. Das Kind wird gerügt, wenn es ein Windchen verliert. Man unterdrückt Stuhlbedürfnis, wenn man z. B. bei anderen Leuten zu Gast ist.
Die Erotik frei, den Popo fest verschlossen, ziehen Deutschlands Verstopften-Bataillone zu Apotheken und Ärzten und futtern täglich Abführmittel, ohne die buchstäblich nichts mehr geht: Jede zweite Frau ab Ende Dreißig, jeder vierte bis fünfte Mann um die Vierzig ist mehr oder weniger ein Problemfall.
Abführpillen besorgen das Geschäft auf Dauer miserabel: Sie bringen künstlich in Bewegung, was sich ganz von selbst bewegen sollte. Automatische Darmbewegung findet schließlich überhaupt nicht mehr statt. Manche Mittel entziehen dem Darm zudem natürliche Substanzen, die besser im Körper verbleiben sollten. Die Unkenntnis über den eigenen Verdauungsapparat ist hauptsächlich schuld an der Verstopfungsseuche.
Zunächst einmal ist der Darm kein Depot, keine Lagerstätte für unverwertbare Reste, kein Abfallrohr mit anhängender Sickergrube. Er ist vielmehr wichtigster und aktivster Teil des Verdauungsweges, der beim Mund beginnt und am After zu Ende ist. Dazwischen hat jeder Zentimeter einen Sinn, nichts davon ist »unanständig« oder »eklig«, und es gibt eigentlich nur eine einzige »Schweinerei«: Überflüssig gewordene Nahrungsreste länger in sich zu bewahren, als es von der Natur aus gedacht war.

Ein wichtiger Lebensweg

Wer gutes Essen und Trinken liebt, der sollte sich klarmachen, daß er mit jedem Bissen, mit jedem Schluck einen der wichtigsten Stoffwechselvorgänge in Bewegung setzt, von denen das Leben abhängt.

- Das Zahnwerk zerkleinert und macht Nährstoffe der Verdauung zugänglich. Gutes, langsames, gründliches Kauen ist erste Voraussetzung für richtige Verdauung. Hastiges Schlingen in Betriebskantinen, an Kiosken und in »Schnell«gaststätten ist schädlich.
- Erst gründliches Kauen lockt ausreichend Speichel. Die darin enthaltenen Säuren und Fermente machen die Nahrung magenverträglich. Wer im Mund nicht ordentlich »mischt«, ruiniert den Magen.
- Der Magen »verdaut« im eigentlichen Sinne überhaupt nichts, sondern fügt Schleim, Salzsäure und Pepsin hinzu, vor allem für die Eiweißverdauung. Er versorgt die Nahrung vor allem mit dem wichtigen »Intrinsic-Faktor«, einem Ferment, das Vita-

min B_{12} (Blutbildung!) verwerten hilft. Er walkt den Nahrungsbrei durch und gibt ihn portionsweise zur Verdauung an den Dünndarm weiter.

● Im Zwölffingerdarm und im Dünndarm werden zuerst die Kohlenhydrate, durch Zusatz weiterer Säfte schließlich auch Fette und Eiweißstoffe aus der Nahrung gefiltert und mit der Fähigkeit ausgestattet, die Darmwand zu passieren. Auf der andern Seite der Darmwand sitzen Millionen winziger Blutgefäße. Sie nehmen die Nährstoffe auf und tragen sie auf immer breiteren Sammelstraßen über eine einzige große Blutader schließlich zur Leber.

● Erst in der Leber werden Nährstoffe in eine für die Ernährung der menschlichen Zellen brauchbare chemische Formel umgewandelt.

● Im Dickdarm werden mit Hilfe von lebenswichtigen Bakterien Säfte und Schmierstoffe gebildet, die Gärung und Fäulnis meiden und den Abtransport regulieren. Außerdem werden Wasser und Mineralien entzogen und dem Kreislauf wieder zugeführt.

● Sobald eine Stuhlportion das Ende erreicht, meldet sich die Muskulatur. Der gesunde Mensch empfindet einen wunderbaren, angenehmen Drang und erfährt alsbald eine leichte, befreiende Entleerung, die Vergnügen bereitet und von angenehmen, massierenden Gefühlen begleitet ist.

Durchwandern Sie in Gedanken jetzt bitte Ihren Verdauungsweg.

Er ist normalerweise eine Einbahnstraße. Wenn Sie viel aufstoßen müssen, dann liegt ein Problem im Magen vor. Denn am Magenausgang wacht der Magenpförtner darüber, daß der Darmbrei nicht mehr zurück kann. Aufstoßen kommt von zu viel Magensäure (sauer) oder von zu wenig Magensäure (schleimig). Wenn Sie Aufstoßen plagt, sollten Sie das gelegentlich vom Arzt prüfen lassen. Stimmt die Magensäure nicht, kommt die Nahrung zu spät (schon angefault) oder zu früh (schlecht aufbereitet) in den Darm.

Wird der Dünndarm mit schlechter Nahrungsmischung beliefert, stimmen auch seine Lieferungen an die Leber nicht. Folge: Fehlernährung. Schließlich »verkalkt« durch die minderwertig verarbeiteten Nahrungsprodukte die Blutader zur Leber (Pfortader), was schlicht und ergreifend bedeutet, daß das Leben schneller zu Ende geht, als es ansonsten nötig wäre.

Zu böser Letzt muß sich der Dickdarm mit Resten plagen, auf die er nicht eingestellt ist. Daß Gärung oder Fäulnis den Stuhl erst so stinkig machen, ist noch das kleinste Übel.

Der Dickdarm wird von artfremden bakteriellen Eindringlingen

bevölkert, seine mit ihm in Symbiose lebenden Helfer-Bakterien degenerieren oder wandern aus. Der Dickdarm resigniert und wird träge. Er kann nichts dagegen tun, wenn den Nahrungsresten immer mehr Wasser entzogen wird: harter Stuhl. Gase wandern hinauf bis in den Dünndarm: Rumoren im Bauch, Bauchweh, Gasvergiftung im Verdauungstrakt. Teile dieser Gase gehen ins Blut über. Der mit Hartware überlagerte Dickdarm beult aus. In Mulden und Säcken und Falten bilden sich Kotsteine. Es kann zu Miniblutungen kommen. Gas, Steine, Risse: In dieser Unrat-Atmosphäre bildet sich der Dickdarmkrebs, der vornehmlich Verstopfte umbringt und von Jahr zu Jahr zunimmt.
Daß es nicht immer gleich »so schlimm« wird, ist kein vernünftiger Trost: Erstens weiß kein Verstopfter, »wie schlimm« es bei ihm denn nun wirklich schon ist. Zweitens ist es meist schon zu spät, wenn es »wirklich schlimm« wird (Darmkrebs endet meist tödlich). Und drittens ist das ganze Risiko vollkommen überflüssig, weil man ganz einfach einen täglichen, leichten, vergnüglichen, genußvollen Stuhlgang produzieren kann. Ohne Pillen.
Das wollen Sie nun mit Autogenem Training erreichen und mit einigen praktischen Maßnahmen ohne Mühe unterstützen.

Die Gretchenfrage: Wie oft ist es richtig?

Eine klare Frage. Ärzte antworten ausweichend und wiegen salomonisch die Köpfe. Warum? Sie müssen es doch wissen! Und ob sie es wissen. Aber sie wägen ab: Sage ich meinem Patienten die Wahrheit, wird er Pillen schlucken. Schluckt er ewig Pillen, macht er den Darm noch leistungsunfähiger. Also sage ich ihm lieber, daß ein Stuhlgang alle zwei bis drei Tage genug wäre.
Die Aussage ist falsch.
Normaler Stuhlgang ist, wenn man jeden Tag, fast um die gleiche Zeit, am besten gleich morgens nach dem Frühstück einen leichten, befreienden Ausgangserfolg hat.
Zwei Stuhlgänge am Tag sind genausogut.
Mehr als zwei Stuhlgänge am Tag sind zuviel. Dabei geht nicht nur ersetzbares Wasser verloren. Der Körper verliert auch wichtige Mineralien, Säuren und Schmierstoffe. Weniger als ein Stuhlgang am Tag ist zuwenig. Auch »regelmäßig« alle zwei Tage ist nicht der Regel gemäß. Die Natur will täglich einen. Nicht weniger. Kein Kompromiß.

Diesen einen, einzig richtigen Stuhlgang an jedem Tag werden Sie sich jetzt ganz leicht, ganz ohne Zwang und vor allem ohne Pillen verschaffen. Indem Sie sich Kontakt zu Ihrem Innern verschaffen, die »Organsprache« erlernen und mit Wissen und Willen Ihr Unterbewußtsein bewegen, den Darm jeden Tag rechtzeitig in fröhliche Bewegung zu versetzen.
Sie kennen die Gesetze, denen die Verdauung unterworfen ist. Sie sind ganz einfach. Sie denken nicht daran, diese Gesetze wider besseres Wissen außer Kraft zu setzen. Ganz egal, wie lange und wie schwerwiegend Sie von Stuhlverstopfung schon gequält werden, wollen Sie nun mit eigenen Übungen endlich zum regelmäßigen Stuhlgang zurückfinden.
Sie werden sich jetzt zu der Ihnen bereits bekannten Grundübung (3. Kapitel) die spezielle Zusatzübung »Schluß mit Verstopfung« zu eigen machen. Die werden Sie erst einmal in aller Ruhe lesen. So, wie Sie in Zukunft in Ruhe auf die Toilette gehen werden. Dann werden Sie vielleicht ein paar Worte oder Sätze streichen, die Sie stören. Dafür werden Sie, wenn nötig, eigene Worte einsetzen. Aber nur dann, wenn es Ihnen wirklich wichtig erscheint.
Sie wissen, daß Sie die autosuggestiven Sätze langsam und mit Pausen versehen in Ihr Inneres hineinreden werden. Sie haben sich bereits entschieden, die Sache mit sich selbst zu absolvieren oder sich die Übung vom Partner oder vom Tonband einreden zu lassen. Wenn Sie eine fertige Kassette wünschen, können Sie diese beim Autor des Buches anfordern (vgl. hierzu die Fußnote auf Seite 19).

Das ist der Text, den Sie für einen guten Stuhlgang brauchen

Der folgende Text wird zur Behandlung von Stuhlverstopfung auf Seite 41 bei dem Zeichen x an den Grundtext angehängt.

Mein Darm ist jetzt ganz entspannt. Magen und Darm sind entspannt. Ich höre jetzt nur noch auf die Stimme. Alles andere ist unwichtig. Ruhe und Wärme umgeben meinen Magen und meinen Darm. Mein ganzer Bauch ist wunderbar warm und entspannt. Angenehme Harmonie zwischen Körper und Seele stellt sich ein. Ich lege meine Hand auf den Bauch und spüre, wie ange-

nehm warm und entspannt Bauch und Därme sind. Mein Inneres hört nur noch auf meine Stimme, nur noch auf die Stimme.
Ich spüre ganz deutlich, wie stark und kräftig mein Bauch und meine Därme sind. Bauch und Därme sind strömend warm. Strömend warm und kräftig. Mein Darm ist stark und strömend warm. Und er hört auf meine Stimme. Strömend warm und stark. Ich fühle mich geborgen und frei. Magen und Darm sind frei und weich, strömend warm und stark.
Immer, wenn ich jetzt morgens an meinen Darm denke, werde ich bald einen ganz angenehmen Stuhlgang haben. Jeden Morgen, jeden Morgen. Sobald meine Stimme es sagt, werde ich einen leichten, befreienden Stuhlgang haben. Denn Magen und Darm sind strömend warm, weich und frei. Immer wenn ich will, kann ich morgens einen leichten, befreienden Stuhlgang haben.
Magen und Darm können alles verdauen, was ich esse. Sie sind stark und gesund, strömend warm und frei. Sie machen einen Stuhl, der warm und weich ist. Nichts quält mich mehr. Mein Darm ist warm und weich und gibt mir einen warmen, weichen, leichten Stuhlgang. Magen und Darm verdauen gut und weich, strömend warm und frei. Magen und Darm sind stark und verdauen alles, was ich esse, warm und weich, strömend warm und weich und frei. Mein Stuhlgang ist gut (schön) und angenehm. Jeden Morgen, wenn meine Stimme es sagt, werde ich einen befreienden Stuhlgang haben.
Der ganze Körper wird von weicher Wärme umhüllt. Wie ein weicher schützender Mantel. Die strömende Wärme macht auch meinen Stuhl warm und weich. Nichts wird mich mehr drücken. Nichts quält mich mehr. Ganz egal, was ich esse, ganz egal, was ich trinke, mein Stuhl ist strömend warm und weich. Mein Darm ist stark, weich und warm.
Ich bin ruhig und warm. Wunderbare Ruhe umgibt mich, weil ich strömend warm, weich und warm jeden Morgen einen befreienden Stuhlgang habe. Ich gehe gern, um strömenden Stuhl zu haben. Mein Stuhl ist strömend warm und weich, denn mein Darm ist stark und gesund. Jeden Tag wird mein Stuhlgang schöner und schöner. Jeden Tag etwas besser, weicher, wärmer, leichter. Jeden Tag, immer, wenn ich morgens will, werde ich künftig einen warmen, weichen, befreienden Stuhlgang haben.
Ich spüre mit der Hand, wie mein Bauch sich strömend erwärmt. Mein Bauch wird strömend warm, mein Magen, mein Darm. Alles in mir ist strömend warm. Der Darm ist warm, entspannt. Alle Verkrampfungen im Darm lösen sich. Alles ist gelöst, frei, warm und weich. Nichts krampft mehr in meinem Darm. Alles ist strömend warm und weich. Alle Verkrampfungen lösen sich.

Wärme löst alle meine Spannungen im Darm. Alle Verspannungen im Darm lösen sich jetzt. Und immer, wenn ich morgens zur Toilette gehe, werde ich einen schönen warmen, weichen Stuhlgang haben.
Mein Darm wird in Zukunft wieder völlig normal arbeiten. Jeden Tag, jeden Morgen, wenn ich daran denke, wenn meine Stimme es sagt, werde ich einen strömend warmen und weichen Stuhlgang haben. Mein Darm arbeitet völlig normal. Jeden Morgen denke ich daran und freue mich auf einen warmen, weichen Stuhlgang. Jeden Morgen freue ich mich auf die Toilette. Mein Darm ist ganz warm und weich, entspannt. Er beginnt sofort zu arbeiten. Jeden Morgen. Mein Darm arbeitet für mich. Ich spüre einen angenehmen Drang im Bauch, einen leichten, schönen Drang. Mein Bauch ist dabei weich und warm.
Die strömende Wärme in mir hilft, daß ich mich ganz leicht entleere. Strömende Wärme entleert meinen Darm. Ich denke an meinen Darm und entleere mich ganz warm und weich. Jeden Morgen. Meine Gedanken lösen eine heilende Wirkung aus. Ich denke an den Darm, und er wird arbeiten. Er wird sich warm und weich entleeren. Ich denke jeden Morgen an meinen Darm. Jeden Morgen. Jeden Tag, ganz regelmäßig. Regelmäßig, zuverlässig. Jeden Morgen gehe ich erfolgreich zur Toilette. In strömender Wärme kann ich mich auf meinen Körper, auf meine Kraft, auf meinen Willen felsenfest verlassen. Mein Bauch ist stark und gesund. Ganz von selbst tut er alles, was zur Gesundheit nötig ist. Ganz von selbst entleert er sich, warm und weich. Jeden Morgen, wenn ich daran denke, geht alles ganz von selbst, strömend warm und weich. Jeden Morgen, wenn ich daran denke, beginnt mein Darm sofort mit seiner Arbeit. Ich vertraue meinem Körper.

Jetzt ist es genug: Zeit zum Schlußmachen

Absichtlich wiederhole ich am Ende jeder Übung, daß fünfzehn bis zwanzig Minuten Autosuggestion genug sind. Grundübung (3. Kapitel) und angehängte spezielle Übung – hier »Schluß mit Verstopfung« – sind so aufgebaut, daß in dieser Zeit alle wichtigen Formeln genügend häufig, langsam und voller Pausen gesprochen werden können. Die verinnerlichte, eindringliche und gleichsam monotone Wiederholung der Worte und Sätze ist ein Teil der Methode, die zum gewünschten Erfolg führt.

Weil Sie diese Methode vollkommen richtig verstanden haben, machen Sie auch keine Fehler: Ihre Einreden sind langsam und verinnerlicht. Sie wiederholen diejenigen Worte und Sätze am häufigsten, die Ihnen für sich selbst am wichtigsten erscheinen. Alles, was Ihnen nicht gefallen sollte, lassen Sie weg. Sie können sich dafür eigene Worte und Sätze ausdenken, die Ihnen besonders gut gefallen. Alles bei dieser Methode beruht ja auf Sympathie, auf Zusammenführung zwischen Bewußtsein und Unterbewußtsein, Wissen und Fühlen.
Es macht nichts aus, wenn Sie am Anfang mit der Zeit nicht auskommen, wenn Sie merken, daß Sie mit dem ganzen Text binnen zwanzig Minuten nicht durchkommen. Dann streichen Sie bei der nächsten Übung einfach diejenigen Sätze, die Ihnen persönlich am ehesten entbehrlich erscheinen. Sie halten sich nur an die Zeit – und versuchen, 20 Minuten nicht zu überschreiten.
Sie schauen deshalb nicht auf die Uhr und stellen keinen Wecker. Sie lassen sich nicht gewaltsam aus Ihrer Verinnerlichung herausreißen. Denn das würde vielleicht den ganzen Übungserfolg verderben. Sie verabreden mit Ihrem Partner ein sanftes Zeichen, das als Signal für den Ablauf der Übungszeit dienen kann: das leise Öffnen einer Tür, das Aufziehen eines Vorhangs, das Einschalten eines gedämpften Lichts hinter der Tür oder in der Zimmerecke.
Dann beenden Sie bitte in der bereits gewohnten Ruhe Ihre Übung mit den Schlußformeln, indem Sie, wie auf Seite 45 vorgeschlagen, von eins bis fünf zählen, sich aus der Verinnerlichung lösen und wieder den ganz gewöhnlichen Wachzustand anstreben.

Was Sie sonst noch gegen Verstopfung tun können

Sie kennen jetzt eine erfolgreiche, komplette Methode zur Verbesserung Ihres Stuhlganges. Sie werden damit künftig ohne Pillen auskommen.
Durch die Selbsteinreden werden Sie viel öfter und viel richtiger und normaler über das wunderbare Verdauungsgeschehen im Körper nachdenken. Sie bekommen eine viel reinlichere Einstellung zu Darm und Verdauung als zuvor. Sie lösen sich von »Tabus« in dieser Frage und sind jetzt auch in der Lage, mit Familienangehörigen, Freunden, Kollegen ganz frei über die Ver-

dauung zu reden, die genau wie die Atmung und der Blutkreislauf Teil des Lebens ist.
Weil Verdauung in Gedanken und Gesprächen jetzt viel häufiger vorkommt, werden die Darmbewegungen lebhafter. Das ist genau der gleiche Effekt wie bei einem Kaninchen, dem eine Möhre vor die Nase gehalten wird: Der Kaninchendarm beginnt sofort mit heftiger Peristaltik. Über die Verdauung nachzudenken und drüber zu reden, dient der inneren Reinlichkeit, ist also Körperhygiene und hat nichts Anstößiges an sich.
Sie gestatten Ihren Angehörigen, insbesondere auch Ihren Kindern, über die Verdauung zu reden, Fragen zu stellen. Sie gestatten es sich selbst und den Angehörigen, sofort vom Tisch aufzustehen, um zur Toilette zu gehen. Ganz egal, wo Sie sind. Sie verlangen von niemandem, sich stundenlang die Entlassung von Darmwinden zu versagen. Sondern Sie vereinbaren lediglich vernünftige Regeln miteinander, wo und wie sich der einzelne, ohne zu stören, seinen Stoffwechselvorgängen widmen kann.
Es bleibt Ihnen völlig überlassen, die Worte für die Darmarbeit selbst zu wählen. Ich möchte von deftiger Ausdrucksweise nur deshalb abraten, weil sie den Genuß der warmen, körperfreundlichen Darmentleerung stört. Ich möchte Ihnen vielmehr wünschen, eine Stuhlgang-Kultur zu entwickeln, die Ihnen so viel Spaß macht wie das Essen. Machen Sie sich doch diesen Gedanken zu eigen: Der wirkliche Abschluß einer Mahlzeit ist nicht das Aufstehen vom Tische – sondern der Stuhlgang.
Wer sich Verklemmungen zur Darmtätigkeit vorbehält, bleibt automatisch verstopft.
Um Spaß am Geschäft zu entwickeln, lohnt es sich, über die Ausgestaltung der Toilette nachzudenken. Machen Sie Ihren Ort gemütlich. Meiden Sie alles Obszöne (blöde Sprüche), stellen Sie dafür Blümchen auf. Genießen Sie die Toilette als Stätte der Erleichterung. Wenn einer drin lesen will: Warum nicht? Wenn einer Radiomusik hören will: gestatten Sie es. Kaufen Sie eine ganz feine Brille und geben Sie richtig Geld aus für erstklassiges Zubehör. Verlangen Sie weder von sich selbst noch von den anderen »Tempo« beim Stuhlgang. Seien Sie ruhig, gelassen. Genießen Sie Erleichterung.
Verstopfung kommt natürlich nicht nur von innerer Verklemmung. Sie kommt auch vom verkehrten Essen: Wer stopft, verstopft.
Wir schlingen nicht nur zu hastig und kauen zu schlecht. Das schlimmste Übel sind wahrscheinlich verkehrte Nahrungsmittel. Wir stellen unseren Nahrungsfahrplan falsch zusammen. Unser Wohlstands-Küchenzettel, in dem alles Grobe fehlt, ist in Wirk-

lichkeit ein »Notstands«küchenplan. Ich glaube, diese unverschämte Behauptung muß ich beweisen:
Das ist mit ein paar Beispielen ganz leicht. Fleisch und Gemüse haben von Natur aus Sehnen bzw. Fasern in sich, die für den menschlichen Körper nicht verdaulich sind. Sie werden fast so wieder ausgeschieden, wie wir sie schlucken. Da Bohnen und Spargel mit Fäden, Paprika mit dicker Schale, dicke Schalen bei Kartoffeln, Äpfeln, Tomaten, Kernzeug bei Gurken, Hülsen von Erbsen, Bohnen, Schoten oder Hülsenkrümel im Mehl als »nichtsnutzig« empfunden wurden, hat die moderne Landwirtschaftswissenschaft sie teils weggezüchtet. Die Reste »unnützer« Fasern und Sehnen beseitigt die Lebensmittelindustrie.
Wir haben heute eine unglaublich verfeinerte Nahrung. Sie ist so fein, daß sie kaum noch gekaut werden muß. Folglich fließt zu wenig Speichel. Zähne nutzen sich nicht mehr ab, sondern werden durch Zahnfleischschwund im Alter immer länger, beginnen zu wackeln und fallen schließlich aus. Der Magen braucht den Nahrungsbrei nicht mehr durchzukneten, weil er weich wie Butter ist. Der Dünndarm saugt viel zuviel Nährstoffe auf und läßt viel zuwenig übrig: eine der Ursachen des Übergewichts. Im Dickdarm gerät die von natürlichen Schlacken (Fasern, Sehnen) befreite Nahrung vollends zum Unrat. Zum ersten wird der Dickdarm bewegungsfaul durch Mangel an Masse. Zum zweiten ist nichts in der Nahrung, was normale Darmbakterien erfreut: nämlich bisher unverdaute Nahrungsbestandteile, eben jene Fasern und Sehnen. Zum dritten würden Fasern und Sehnen die Darmwand pieken und die Darmwandmuskeln zu eifrigen Bewegungen anstacheln. Aber wo nichts ist, da piekt auch nichts.
Die Verfeinerung der Lebensmittel hat in eine Sackgasse geführt. Der Widersinn erreicht seinen vorläufigen Höhepunkt darin, daß dem modernen Menschen als Zusatz zur völlig schlackenfreien Nahrung »Weizenkleie« empfohlen wird – was in der Hauptsache jene Schalen sind, die zuvor mit großem Aufwand aus dem Mehl entfernt wurden.
Der Weg aus der Sackgasse ist nicht schwer. Jeder einzelne kann ihn finden. Er braucht nur so oft wie möglich Obst, Früchte, Gemüse (und möglichst roh), Kartoffeln mit der Schale zu essen, Vollkornbrot zu kaufen, sich, soweit vermeidbar, vor Produkten mit Konservierungsstoffen zu hüten und zähes Kochfleisch nicht stundenlang gewaltsam butterweich zu kochen. Man kann mit weißem Zucker sparen und braunen Naturzucker bevorzugen.
Ohne ins andere Extrem zu fallen, kann man gegenüber verfeinerten Industrieprodukten ein wachsames Mißtrauen entwickeln, beim Sonntagsausflug vom Bauern Kraut und Rüben kaufen, mit

teurer Butter und edlen Fleischteilen (Steaks, Filet etc.) geizen und jeden Tag dafür sorgen, daß man wenigstens einmal etwas Grobes, ganz und gar »Gemeines« futtert, das man kauen muß, bis die Kinnlade weh tut. Und wenn's nur eine rohe Mohrrübe ist.
Wie hält es der Darm denn nun mit Alkohol und Zigaretten?
Ein kleiner Schluck zur Anregung oder Verdauung schadet nichts. Größere Mengen machen auch den Darm »betrunken«. Er schläft ein und/oder verliert seine natürliche Reaktionsfähigkeit.
Wer täglich weniger als zehn Zigaretten raucht, beeinträchtigt die Verdauung wenig. Für manche Leute ist die Morgenzigarette das auslösende Moment für den Stuhlgang. Größere Mengen von Nikotin und Teer dringen (auch) über die Darmwände ins Blut und setzen selbstverständlich Schäden.
Bohnenkaffee und Schwarztee können ebenfalls morgens zum Stuhlgang führen und werden in kleiner Menge gut vertragen. Zuviel des Guten ist schädlich, weil eben die Darmwände alles aufsaugen, was ihnen angeboten wird. Das ist ihre naturgegebene Lebensaufgabe. Unsere Aufgabe ist es, die richtige Auswahl zu treffen.
Denken Sie beim Autogenen Training auch an körperliche Bewegung. Eine kleine Anstrengung täglich brauchen auch Ihre Eingeweide, die auf vielfältige Weise miteinander verbunden, mit etwas Körperfett isoliert und an ganz vernünftigen Stellen mit Sehnen, Muskeln und Häuten aufgehängt und befestigt sind. Durch Bewegungsarmut erschlaffen die Verbindungsorgane. Bewegung macht sie stark. Die Körperorgane massieren sich durch Bewegung aneinander. Die Darmperistaltik ist auch von solchen Massagen abhängig.
Nützlich sind alle Sportarten. Gymnastische Übungen, die den Bauch durchwalken, können Sie getrost selbst erfinden. Jede Rumpfbeugung, jedes Drehen und Bücken sind Bauchmassagen. Kreisdrehungen der Arme und Hebungen der Beine dienen der Bauchmuskulatur. Schwimmen und Radfahren dienen Bauch und Darm.
Kaltwasser regt den Darm an. Zum Angewöhnen: Morgens mit kaltem, nassem Frotteelappen den Bauch kreisförmig um den Nabel massieren und/oder im täglichen Wechsel kaltes Sitzbad 1 Minute bis zum Nabel in der Badewanne. Zur Darmerziehung sind Frühanwendungen am besten. Kurzfristige Hilfe bei festem Stuhl (z. B. bei Absetzung von Abführmitteln): Saft einer Zitrone mit etwas Salz schlucken. Reichlich Mineralwasser (täglich ein Liter) als Regelgetränk zwischen Abendessen und Schlafengehen dient der Verdauung durch Mineralgehalt, Kohlensäure und Flüssigkeit.

9. Schluß mit Magenbeschwerden

Technisch gesehen ist der Magen ein ziemlich einfacher Muskel, der sich durch Nahrung kräftig ausdehnen und nach Weitergabe an den verdauenden Dünndarm wieder zusammenziehen kann. Durch fortgesetztes Überfüttern weitet er sich aus wie ein ständig überfülltes Einkaufsnetz. Sobald sich aber der Mensch zur Mäßigung entschließt, kann der Magen seine ursprüngliche Größe wieder zurückgewinnen.

Ganz so respektlos sollte man den Magen nicht betrachten. Denn er leistet einige fantastische Arbeiten:

- Er stellt mit ein paar winzigen Drüsen eine mikroskopisch kleine Menge Saft her, die in der Medizin »Intrinsic-Faktor« heißt. Ohne dieses Ferment gleiten B_{12}-Vitamine wirkungslos und unverdaut durch den Darm, die platten Knochen des Brustbeins verlieren die Fähigkeit der Blutbildung, und der Mensch muß sterben. Die »perniziöse Anämie« war bis vor wenigen Jahren absolut tödlich und kam erschreckend oft vor. Heute ist man in der Lage, dieses B_{12}-Vitamin ersatzweise in die Blutbahn zu spritzen. Der Mensch bleibt am Leben, muß jedoch in Abständen lebenslang gespritzt werden.
- Der Magen produziert Verdauungssäfte, insbesondere zur Eiweißverdauung.
- Er knetet den Speisebrei durch wie eine gute Hausfrau den Kuchenteig.
- Er bewahrt die Speisen auf und gibt sie über den Magenpförtner in genauer Dosierung an den Dünndarm weiter.
- Er kann verdorbene Speisen desinfizieren oder durch Rebellion abweisen (erbrechen) und schützt damit den Menschen vor vielen Vergiftungen.

Unser Magen ist also eine technische und chemische Anlage mit automatischen Steuerungen. Sie arbeitet wartungsfrei, ist robust, gutartig und regenerierungsfähig.

Trotzdem leiden Millionen Menschen ständig oder in wieder-

kehrenden Abständen (meist Frühjahr und Herbst) an Magenbeschwerden.
Magenschmerzen werden ausgelöst durch Magenschleimhautentzündung (Gastritis) oder Magengeschwüre. Beide Krankheiten werden leicht chronisch. Chronisch Kranke können ihr Leiden mit Autogenem Training überwinden.
Es lohnt sich, den Ursachen der chronischen Magenkrankheiten auf den Grund zu gehen. Denn unser Autogenes Training ist eine therapeutische Methode, die durch Wissen und Wollen zum Erfolg führt – und nicht durch blinden Glauben.
Es darf als erwiesen angesehen werden, daß chronisch Magenkranke vornehmlich sensible Menschen sind, die ihren Kummer, ihre kleinen und größeren Sorgen, Ärger mit dem Chef, Enttäuschungen in der Familie, Ängste um sich und Angehörige »herunterschlucken«. Man beachte auch hier den Volksmund:
Der Magen-Typ »schluckt den Ärger«. Der Robuste »kotzt sich aus«, er »spuckt Gift und Galle«.
Sein Magen bleibt gesund.
Die nachfolgende Übung wird sich also unter anderem darauf konzentrieren, dem Schlucker mehr Mut und Zuversicht zu geben, damit er die Fähigkeit erwirbt, besser » auszuspucken«.
Neben den psychischen Wurzeln der Magenkrankheiten stehen natürlich auch handfeste Sünden: Völlerei, zu viel und zu regelmäßig Alkohol, zu große Mengen Nikotin, zu heißes Essen, schlechtes Kauen, hastige freudlose Schlingerei. Außerdem können schleichende, chronische Infektionen den Magen verderben: vor allem häufige Anginen, Zahnfleischentzündungen, faule Zähne, Eiter- und Entzündungsherde im Mund- und Rachenbereich. Wer's mit dem Magen hat, sollte auf jeden Fall vorsorglich auch den Zahnarzt um genaue Inspektion bitten.
Die Gastritis kann plötzlich kommen und jeden befallen. Rund jede vierte Magenschleimhautentzündung wird »subchronisch«, was bedeutet, daß sie zwar nach Tagen oder Wochen verschwindet, von da an aber gern und regelmäßig wiederkehrt. Beschwerdebild: Völlegefühl und Appetitlosigkeit, Aufstoßen und Übelkeit (die bis zum Erbrechen führen kann). Meist trockener Mund und belegte Zunge. Die Magenschmerzen sitzen nicht auf einem bestimmten »Punkt«, sondern drücken diffus auf den »ganzen Bauch«.
Magengeschwüre entwickeln sich (selten) aus einer Gastritis oder (häufig) aus falscher Magensaftmischung: Die Magenwand beginnt, sich selbst zu verdauen. Die körpereigene Abwehr verhindert mit den weißen Blutzellen des reichlich durchbluteten Muskels das Schlimmste. Der Kräfteaufwand des Körpers ist dabei

beträchtlich. Der Mensch ist »richtig krank«. Die narbig abheilenden Wunden bieten den Magensäften immer wieder neue Angriffsmöglichkeiten. Auch Magengeschwüre sind »subchronisch«, kommen also gern regelmäßig wieder, meist im Frühjahr und Herbst und natürlich zusätzlich, wenn Kummer »geschluckt« wird.

Durch Gastritis oder Geschwüre geschwächte Mägen können leichter an Krebs erkranken als gesunde Mägen.

Wer immer wieder mal oder regelmäßig an Magenschmerzen leidet, sollte in der Apotheke nach der »Desmoidprobe« fragen. Das ist eine Pille, die den Harn verfärbt, wenn genug Magensäure vorhanden ist. Herrscht Mangel an Säure, bleibt der Harn unverfärbt. Leider läßt die Probe keine Aussage darüber zu, ob der Patient zu viel Magensäure hat.

Sie finden im folgenden Text eine erfolgreiche Methode zur Überwindung von Magenbeschwerden. Sie werden das Autogene Training zuerst einmal kurmäßig einige Wochen lang anwenden. Wenn die Beschwerden vorüber sind, setzen Sie die Übungen noch eine Zeitlang fort. Dann können Sie weitermachen, wenn Sie wollen, oder mit der gewonnenen Erfahrung einen verkürzten Text in sich hineinreden. Aber warten Sie mit der nächsten »Kur« nicht, bis die Schmerzen wieder beginnen, sondern wiederholen Sie die Kur in den Abständen, wie zuvor Ihre Schmerzen wiederzukehren pflegten.

Da Magen und Darm eine einbahnige Verdauungsstraße sind, lesen Sie bitte jetzt erst mal das Kapitel 8 »Verstopfung«, damit Sie auch informiert sind, was hinter dem Magen noch alles mit der Nahrung passiert.

Wenn Sie das gemacht haben, wissen Sie alles, was Sie zur Überwindung von Magenbeschwerden wirklich brauchen. Das Autogene Training ist ganz einfach und verständlich. Es erklärt alles, macht aber die Dinge nicht kompliziert. Überlassen Sie es robusteren Naturen, sich mit Schlaumeiereien und Haarspaltereien abzugeben und alles besser zu wissen. Sie haben eine erfolgversprechende Methode in der Hand, und ein neuer Lebensabschnitt beginnt für Sie.

Sie werden sich nun zu der bereits bekannten »Grundübung« (Kapitel 3) die spezielle Zusatzübung gegen Magenbeschwerden aneignen. Die werden Sie zuerst einmal in aller Ruhe lesen. Dann, das wissen Sie ja schon, streichen Sie Worte oder Sätze, die unangenehm »auf den Magen gehen«. Das machen Sie aber nur, wenn Sie sicher sind, daß eine bestimmte Formel oder ein Wort Sie wirklich stört. Sonst lassen Sie den Text, wie er ist.

Sie wissen auch, daß Sie die Übungen selbst durchführen werden (also ohne Hilfe durch einen zweiten). Oder Sie bevorzugen es, sich die Suggestionen von Ihrem Lebensgefährten zusprechen zu lassen. Oder Sie fertigen sich nach dem Text im Buch selbst ein Tonband an. Oder Sie bestellen die fertige Kassette (vgl. hierzu die Fußnote auf Seite 19).

Das ist der Text, den Sie gegen Magenbeschwerden brauchen

Der folgende Text wird zur Behandlung von Magenbeschwerden auf Seite 41 bei dem Zeichen × an den Grundtext angehängt.

Mein ganzer Bauch, mein Darm, mein Magen sind jetzt zur Ruhe gekommen. Bauch und Magen sind ruhig und warm, strömend warm. Meine Hand liegt auf dem Bauch, und ich spüre die strömende Wärme in meinem Bauch. Alles ist warm und weich. Nichts drückt mich mehr. Alles ist weich und leicht, weich und leicht. Die strömende Wärme ist gut für meinen Magen. Mein Magen ist leicht und weich und strömend warm.
Nichts stört mich mehr. Nichts regt mich auf. Ich spüre strömende Wärme in meinem Magen und nichts regt mich auf. Ich werde jetzt nie mehr Ärger runterschlucken. Ärger rutscht an mir einfach ab. Aller Ärger rutscht von mir ab, und nichts regt mich mehr auf. In jeder Lage bleibe ich ruhig und gelassen. Ich schlucke keinen Ärger mehr, sondern lasse ihn einfach abrutschen. Ich höre nur auf meine Stimme und auf meine Gedanken. Sie sagen mir, daß jeder Ärger an mir abrutscht. Und mein Magen bleibt strömend warm und ruhig, warm und weich, warm und frei. Frei von Ärger. Denn aller Ärger rutscht von mir ab. Mein Magen ist frei.
Alles andere ist vollkommen unwichtig. Ärger (Kummer) ist vollkommen unwichtig. Ich höre nur noch auf meine Stimme und auf meine Gedanken. Sie sagen mir, daß mein Magen frei ist. Nichts drückt mich mehr und nichts tut weh. Kein Schmerz, kein Druck. Weil ich keinen Ärger mehr schlucke. Und weil ich künftig nur noch esse, was meinem Magen guttut. Ich esse und ich trinke leicht. Leicht und frei. Ich esse und ich trinke für meinen Magen, der alles ganz leicht verdaut. Ohne Schmerzen. Mein Magen verdaut strömend warm, leicht und frei.

Ich esse und ich trinke langsam, ganz langsam und mit Genuß. Ich genieße mein Essen und mein Trinken, langsam, ganz langsam. Langsam und leicht. Ich kaue mit Genuß. Langsam, lange und mit Genuß. Immer, wenn ich esse und kaue, spüre ich, wie mein Essen strömend warm und weich in den Magen gleitet. Meine Gedanken sind ganz und gar auf leichtes, schönes Essen gerichtet. Alles, was ich esse und langsam kaue, ist gut für meinen Magen. Er gibt mein Essen strömend warm und weich weiter, ganz ohne Schmerz. Und ich schlucke nie mehr Ärger mit hinunter.

Ich fühle mich glücklich und geborgen. Mein Magen wird von Tag zu Tag etwas kräftiger und stärker. Von Tag zu Tag stärkt sich mein Magen, weil ich keinen Ärger mehr schlucke. Und weil ich leichtes, schönes Essen langsam genieße. Ich kaue lange und stark, bis die Nahrung leicht und weich in den Magen gleitet. Jeden Tag wird mein Magen deshalb etwas stärker. Mein Magen wird stark und gesund, stark und gesund. Nichts regt mich mehr auf. Strömende Wärme und Ruhe umgibt meinen Magen und meinen Bauch, wie ein weiter, schützender Mantel. Die Entspannung macht mich ruhig und glücklich. Ich bin (werde) ganz frei von Schmerz und Druck.

Ich spüre unter meiner Hand, wie strömend warm und kräftig mein Magen wird. Mein Magen gibt mir Kraft. Mein Magen ist stark und gesund. Ich spüre es mit meiner Hand, daß der Magen stark ist. Stark und frei von Schmerz. Alle Nahrung nimmt mein Magen ganz leicht auf. Weich und warm gleitet die Nahrung weiter in den Darm. Weil ich keinen Ärger mehr schlucke. Und weil ich leicht und langsam esse. Der Magen ist warm und weich. Ich spüre mit der Hand die Ruhe und die Wärme in meinem Magen.

Der Magen bleibt jetzt immer warm und entspannt, warm und völlig entspannt. Alles Harte und Schwere fällt ab von meinem Magen, wie ein Stein ins Wasser fällt und für immer verschwindet. Alle Steine, die mich in meinem Magen belastet haben, fallen von mir ab. Mein Magen wird weich und warm. Kein Stein drückt meinen Magen mehr. Ärger und Kummer sind unnütze Steine in meinem Magen. Schwere Speisen (viel Alkohol) sind unnütze Steine in meinem Körper. Kein unnützer Stein stört meinen Magen mehr. Ich schlucke weder Ärger noch schwere Speisen. Mein Magen bekommt nur noch wunderbare, warme, kräftige Nahrung von mir. Ich esse langsam und mit Genuß. Die Nahrung gleitet warm und weich in meinen Magen. Kein Stein drückt den Magen mehr.

Mit der gleichen, wunderbaren Ruhe, die meinen Magen durchströmt, esse und trinke ich künftig. Jeden Tag esse ich ruhig und mit Genuß. Nichts treibt mich mehr zur Hast. Alles in mir ist ruhig. Und so ruhig esse und trinke ich künftig für meinen gesunden Magen. Mein gesunder Magen bleibt immer ruhig und entspannt, weil ich immer ruhig und langsam esse und trinke. Nichts treibt mich mehr zur Hast. Ich werde nicht mehr hastig und nervös sein. Nie mehr hastig und nervös. Ich esse und arbeite ruhig und leicht, ruhig und entspannt. Ich bleibe so entspannt wie mein Magen.
Immer, wenn meine Stimme und meine Gedanken bei meinem Magen sind, spüre ich ganz deutlich, wie warm und entspannt mein ganzer Bauch ist. Die Entspannung ist gut und macht mich stark. Entspannung macht stark, macht meinen Bauch und meinen Magen frei und warm. Jeden Tag, bei jeder Arbeit, denke ich an meinen warmen, weichen Magen, der ruhig und entspannt seine Arbeit macht. Ich lebe glücklich mit meinem Magen. Glücklich und entspannt. Ich lebe ganz glücklich mit meinem gesunden Magen.

Jetzt ist es genug: Zeit zum Schlußmachen

Sie kennen die Autogenen Übungsmethoden bereits ganz genau und wissen, worauf es ankommt. Sie haben begriffen, daß fünfzehn bis zwanzig Minuten für eine Übung genug sind.
Die Grundübung (3. Kapitel) und die angehängte spezielle Übung – hier: »Schluß mit Magenbeschwerden« sind so aufgebaut, daß Sie binnen 15 bis 20 Minuten mit allen wesentlichen Formeln durchkommen können. Sie sprechen jeden Satz langsam und ruhig. Sie sprechen und denken langsam und in sich gekehrt und wiederholen jede Formel um so öfter, je wichtiger sie Ihnen erscheint. Dafür können Sie getrost Sätze weglassen, die Ihnen weniger wichtig erscheinen. Die verinnerlichte, eindringliche und dennoch monotone Wiederholung der Formeln ist ein Teil der Methode, die zum Erfolg führt.
Sie können gar nichts »falsch« machen, wenn Sie sich nur an die Grundsätze des Trainings halten. Ganz frei und locker machen Sie alles so, wie es für Sie persönlich richtig ist –, dann ist es auch richtig. Sie sprechen die Formeln langsam, voller Pausen und Verinnerlichung. Sie wiederholen die wichtigsten Sätze immer wieder. Worte, die Ihnen nicht gefallen, haben Sie inzwischen ge-

strichen und durch eigene Worte ersetzt. Sie lassen sich nicht von der Zeit treiben. Wenn Sie die Zeit von 15 bis 20 Minuten überziehen, dann kürzen Sie einfach die Übung an denjenigen Stellen, die Ihnen entbehrlich erscheinen. Sie schauen während der Übungen nicht auf die Uhr oder stellen auch keinen Wecker, der Sie rasselnd aus dem heilenden Hypnosezustand reißt. Sie verlassen sich auf Ihre »innere Uhr« und verabreden vorsichtshalber mit Ihrem Partner ein sanftes Zeichen: das leise Öffnen einer Tür oder eines Vorhangs, das Einschalten eines gedämpften Lichts hinter der Tür oder in einer Zimmerecke.
Dann beenden Sie in aller Seelenruhe, die dem ganzen Unternehmen innewohnt, Ihre Übung mit den wichtigen Schlußformeln, indem Sie, wie auf Seite 45 vorgeschlagen, von eins bis fünf zählen, sich aus der Verinnerlichung lösen und wieder den ganz normalen Wachzustand anstreben. Damit beherrschen Sie alles, was Sie zur Kräftigung und Gesundung Ihres Magens brauchen.

Für Ihre persönlichen Beschwerden ein persönlicher Satz

Sie haben jetzt eine komplette Übung an der Hand, mit der Sie alle möglichen Magenbeschwerden, die Sie seit Monaten oder Jahren ständig quälen oder die immer wiederkehren, die Sie kaputtmachen oder belästigen, erfolgreich überwinden können. Sie haben in den ersten Kapiteln des Buches erfahren, daß die Methode logisch begründet ist, und daß Sie mit Fug und Recht auf Besserung oder Heilung Ihrer Beschwerden bauen können.
Nun ist aber der Begriff »Magenbeschwerden« reichlich pauschal. Der eine hat Magengeschwüre, der nächste hat eine Gastritis. Beide Krankheiten können mit dem vorstehenden Text erfolgreich behandelt werden.
Auch das Zwölffingerdarmgeschwür, das bereits hinter dem Magen liegt und »Magenbeschwerden« verursacht, ist mit dem gleichen Text erfolgreich zu »bereden«. Allerdings sollten Menschen mit Magenbeschwerden immer erst nach ärztlicher Abklärung mit Autogenem Training beginnen.
Auch Übelkeit, Aufstoßen, Sodbrennen können mit der gleichen Übung beseitigt werden. Ich möchte Ihnen sogar empfehlen, diese »leichten« Beschwerden rechtzeitig in den Griff zu nehmen, bevor daraus Schlimmeres wird.

Bei unterschiedlichen Beschwerden brauchen Sie aus dem vorgeschlagenen Text lediglich Worte und Formeln zu streichen, die nicht ins Bild passen. Es wird ja in jedem Kapitel immer wieder betont, daß Sie Worte und Sätze, die Ihnen nicht gefallen, streichen und durch eigene Worte ersetzen sollen. Das gilt natürlich auch für Textstellen, die der Krankheit zuwiderlaufen. Ein Beispiel dafür: Nehmen wir an, im Text finden Sie einen Satz, mit dem Sie sich suggerieren, daß Sie nichts mehr »nervös« machen wird. – Nun sind Sie aber gar nicht nervös, sondern das genaue Gegenteil: Sie werden von Lethargie gequält. Klar, daß Sie dann das Wort »nervös« streichen und dafür einen Satz des Inhalts einbauen: »Ich bin stark und werde jetzt von Tag zu Tag etwas aktiver.«
Sie wissen selbst, wie sich Ihre Magenbeschwerden äußern und wo mindestens einige der Wurzeln des Übels liegen. Deshalb sind Sie schlau genug, die Übung richtig umzubauen und zu ergänzen. Mit zusätzlichen Formeln gehen Sie bitte sparsam um. Sie bauen nur ein, was Sie wirklich für nötig halten. Und nicht mehr als ein oder zwei Sätze, auf die es hauptsächlich ankommt. Die wollen Sie ja, langsam und verinnerlicht, möglichst oft wiederholen, damit sie sich ins Unterbewußtsein einpflanzen. Sie tragen die Zusatzformeln mit Bleistift ein und prüfen am nächsten Tag noch einmal, ob die Formeln auch wirklich wichtig und richtig sind. Wenn Sie sich dessen nicht mehr so sicher sind, radieren Sie Ihren Zusatz einfach wieder aus.
Sie bauen einen einfachen, kurzen, »primitiven« Satz. So wie das ganze Training aufgebaut ist.
Sie sagen niemals etwas Negatives oder Angstmachendes, Beispiel: »Ich darf nie mehr Magenschmerzen haben!« Oder »Die schrecklichen Schmerzen machen mich ganz krank und kaputt«. Oder »Ich darf nicht mehr so hastig schlingen und so schlecht kauen«. Sondern Sie drücken den gleichen Gedanken positiv aus: »Mein Magen ist jetzt immer ruhig und stark«. Oder »Ich kaue jetzt immer langsam und gründlich« usw. Wir bedienen uns einer positiven Überredungsmethode.
Für verschiedene Beschwerden will ich Ihnen jetzt ein paar Vorschläge machen, welche Schlüsselsätze Sie erfolgversprechend in die Übung einbauen können – natürlich nur, wenn Sie sie für richtig und wichtig halten.

- Bei Gastritis: »Mein Magen ist warm und glatt. Die Magenwände sind heil und glatt und warm. Nichts drückt mich mehr . . . «
- Bei Magengeschwüren: »Mein Magen ist weich und heil. Er

verdaut nur gute, weiche, warme Nahrung. Er heilt und schmerzt nicht mehr . . . «

- Bei Zwölffingerdarmgeschwür: »Mein Magen gibt nur gute, weiche Nahrung weiter. Der Darm wird heil und arbeitet ganz ohne Schmerz . . . «

- Bei Übelkeit, Erbrechen: »Ich esse langsam, mit Genuß. Mein Magen nimmt alles an, was gut und weich ist. Mir wird wohl, ganz wohl . . . «

- Bei Aufstoßen, Sodbrennen: »Ich esse langsam, mäßig und mit Genuß. Nichts bläht mich mehr. Mein Magen nimmt alles, was gut und weich ist . . . «

Wenn Ihre Beschwerden noch etwas anders sind, dann wissen Sie jetzt genug, um einen oder zwei persönliche Sätze erfolgversprechend basteln zu können.

Was Sie sonst noch für den Magen tun können

Sie bekommen jetzt, mit dem Autogenen Training, einen nie dagewesenen Kontakt zu Ihrem ganzen Innenleben und besonders zum Magen. Das gibt Ihnen ein neues »Körpergefühl«. Sie betreiben mit Wissen und Willen Sympathiewerbung nach innen und sind bald in der Lage, Ihre Organe zu überreden, besser und störfrei zu arbeiten. Sie vernehmen »Antworten« von innen, die von den Organen, vom Unterbewußtsein kommen, und hören darauf. Denn Sie sind nicht bereit, auf den gefundenen Kontakt zum Innenleben noch einmal zu verzichten. Sie denken nicht im Traum daran, Innenorgane wider besseres Wissen zu ruinieren. Im Gegenteil sind Sie mehr als zuvor bereit, dem Innern hier und da einen Dienst zu erweisen.

Sie wissen jetzt, daß Sie Ihre Innenorgane im Leben schon ganz happig gestreßt haben, und daß die sich über lange Zeit und bis heute als relativ robust, zuverlässig und treu erwiesen haben. Sie werden Ihr Konto nicht überziehen.

Es gibt viele Möglichkeiten, dem Innenleben, insbesondere dem Magen, Dienste zu erweisen.

Sie schenken dem Magen nun wirklich mehr Ruhe und Entspannung. Zum Beispiel, indem Sie nach Feierabend 20 Minuten auf die Couch gehen und Ihre Magenübung machen. Zum Beispiel, indem Sie abends täglich eine Stunde früher ins Bett gehen, auch wenn Sie anfangs nicht gleich einschlafen können. Zum Beispiel, indem Sie morgens lieber eine Viertelstunde früher aufstehen, bevor Sie auf ein kleines Frühstück in Seelenruhe und Harmonie verzichten.

Sie können früh getrost einen Dauerlauf machen, um dem ganzen Körper eine kleine Anstrengung zu bereiten. Das stärkt Muskeln und Nerven. Aber Sie hasten nicht in letzter Minute zum Bus, weil Sie Angst haben, sonst zu spät zur Arbeit zu kommen. Sie sind überhaupt jetzt frei von Angst und übertriebenem Ehrgeiz. Sie »schlucken« Kummer und Sorgen nicht mehr wie früher, sondern sind in der Lage, ärgerliche Dinge abgleiten zu lassen oder schnell wieder »auszuspucken«. Sie sagen lieber lauthals Ihre Meinung, als Ärgernisse wie Steine in Ihrem Bauch zu tragen.

Sie essen ruhig, mit Freude und Genuß. Sie legen Wert auf schöne Umgebung, auf einen hübsch gedeckten Tisch und einen wohldekorierten Teller. Hastiges, unkultiviertes Essen vom Pappteller, Frites aus Tüten, Schlingerei in Kantinen lehnen Sie für sich ab, weil Ihnen das schadet. Sie beginnen, was das Essen anbelangt, ein vollkommen neues Leben.

Sie wählen Ihre Nahrung mit Bedacht – und reden darüber auch mit Ihrem Partner. Bitten Sie ihn, daß er mitspielt. Sie essen künftig reichhaltig – im Sinne von vielseitig, aber nicht im Sinne von »massenhaft«. Sie essen, kauen und vertragen durchaus feste Nahrung: Vollkornbrot (nicht in Schmerzperioden), Rohkost, Obst und festes Fleisch. Sie meiden Fett und jedes Übermaß von Fleisch- und Wurstwaren.

Womit wir wieder mal beim Alkohol und bei Zigaretten wären. Tägliches Übermaß ruiniert Sie unter Garantie. »Ein Gläschen« vor oder nach dem Essen macht nichts aus – wenn es wirklich nur bei dem einen bleibt! Täglich mehr als »ein Glas« ist aber bereits zuviel für schwache Mägen. Mit der Raucherei ist es ebenso: Wer mit empfindlichem Magen ausgestattet ist, mehr als fünf Zigaretten oder eine Zigarre oder eine Pfeife raucht, belastet sein Innenleben. Sie können Ihren Partner, den Doktor und Ihre Freunde so viel bemogeln, wie Sie wollen: Ihr Magen schluckte jede kleinste Menge Nikotin, jedes Quentchen Teer mit dem eintreffenden Speichel.

Wenn Sie mit dem Autogenen Training beginnen, setzen Sie bitte alle Magenpillen und Magenpulver ab. Denn die hindern Ihr Unterbewußtsein, das Problem mit eigener Kraft zu lösen. Unterstützen Sie die Umstellung durch zwei Wochen Schonkost (keine sektiererische Diät). Bevorzugen Sie Kalbfleisch, Hühnerfleisch und Fisch, von jeder Sorte täglich nicht mehr als

100 Gramm, gekocht. Essen Sie Eier, Milch, Sauermilch, Magerquark und Magerkäse, schön langsam und mit Bedacht. Meiden Sie Eiskaltes. Essen Sie als Gemüse reichlich Karotten, Spargel, grünen Salat, mit vielen Küchenkräutern gewürzt. Essen Sie, in mehreren kleinen Portionen, Vollkornbrot, Keks, Zwieback. Reis, Grieß und Haferflocken sind in jeder Form willkommen. Brotaufstrich: Butter und Honig, kaltes Fleisch. Sparen Sie bei der Wurst. Getränke : Hagebutten-, Pfefferminz- oder Kamillentee, schluckweise täglich bis zu 1 Liter Mineralwasser. Abends etwas Rotweinschorle (aber stark mit Mineralwasser verdünnt), Fruchtsäfte in jeder Form. Obst: geriebene Äpfel, Bananen, gekochtes Obst in jeder Form. Zitronensaft, Orangensaft sind in kleiner Menge erlaubt.

Bei akutem, schwerem Magenschmerz gehen Sie gleich nach Feierabend ins Bett und legen sich nach dem Autogenen Training alsbald einen warmen Leibwickel an: Feuchtwarmes Bettlaken dreimal der Länge nach falten und fest um den Bauch legen, etwa von der letzten Rippe bis hinab zur Scham. Trockenes Laken ebenso fest drumherum. Mit einer Wolldecke fest umwickeln. Dann eine Wärmflasche darauf (aber kein elektrisches Heizkissen) und das Deckbett darüber. Eine Stunde einwirken lassen, dann auswickeln und mit kaltem Frotteelappen den ganzen Körper abreiben. Mit frischer Bettwäsche zugedeckt im Bett bleiben. Wenn die Schmerzperiode vorüber ist, kräftigt man seinen Magen durch kaltes Wassertreten (1 Minute täglich bis zu den Waden in der Badewanne), durch kalte Fußbäder (1 Minute bis an die Knie im Eimer) oder kalte Güsse mit dem Schlauch der Dusche (1 Minute bis an die Leistenbeuge, Duschkopf abschrauben).

So sind Sie in der Lage, Ihren Magen zu kurieren, zu stärken und künftig frei von Beschwerden zu halten.

10. Schluß mit Erschöpfungszuständen

Erschöpfung ist keine Krankheit – sondern ein Zustand. Oft steckt eine Krankheit dahinter, die sich schleichend anbahnt oder chronisch langsam fortschreitet. In diesem Kapitel ist von jener Art Erschöpfungen die Rede, die Wochen oder Monate andauern oder den Leidtragenden überhaupt nicht mehr verlassen.

Diese andauernden Erschöpfungen, die alle Lust am Leben vergessen machen, die die Gemeinsamkeit der Familie ruinieren, alle Arbeit schwer und noch dazu erfolglos machen, sind mit Autogenem Training heilbar.

Voraussetzung: Geduld und tägliche Übungen zur Verinnerlichung, ein enger Kontakt zum Unterbewußtsein. Mit den entsprechenden Suggestionsübungen ist es Schritt um Schritt möglich, ein ganz »neuer Mensch« zu werden. Das Leben wieder von der angenehmen Seite zu betrachten. Wieder Freunde zu finden, Spaß am Lieben und Geliebtwerden, an Arbeit und Kreativität, an geistiger und körperlicher Aktivität zu entdecken. Und mit alledem die verkappte Krankheit womöglich sogar auszutreiben oder doch mindestens an der Besitznahme des Körpers und der Seele zu hindern.

Es gibt auch eine ganz normale, gesunde Erschöpfung. Sie tritt nach harter geistiger oder/und körperlicher Arbeit ein. Man läßt alle Flügel hängen, sucht und findet alsbald Schlaf und ist danach wieder frisch. Diese Erschöpfung wollen wir in diesem Abschnitt der klaren Unterscheidung wegen Müdigkeit nennen. Müdigkeit ist also ein gesunder Zustand. Erschöpfung ist ein krankhafter Zustand, der sich mit dem Autogenen Training heilen läßt.

Am besten wäre es, wenn Sie den Ursachen Ihrer andauernden Erschöpfung auf die Spur kämen.

Sie haben bereits auf Seite 17 getestet, wie anfällig Sie für leiblich-seelische Erkrankungen sind. Sie haben auch, wie auf Seite 32 vorgeschlagen, alle Ihre wichtigen Körperteile, einen nach dem andern, von unten nach oben aufgerufen und sich dabei gefragt, ob Sie mit dem betreffenden Teil zufrieden sind. Sie kennen also Ihre »Schwachstellen« so ungefähr. Bitte machen Sie die beiden Tests jetzt noch einmal, vielleicht sogar gemeinsam mit Ihrem Partner. Und tragen Sie mit Bleistift ins Buch ein, was dabei herauskommt.

Wenn Sie dafür einen ganzen Abend verwendet haben, dann ist das bestimmt keine hinausgeworfene Zeit. Denn dann nutzen Ihnen die nächsten Seiten um so besser.

Jetzt lesen Sie erst einmal in aller Seelenruhe durch, was Sie zur Überwindung Ihrer ganz persönlichen Erschöpfung, Ihrer körperlichen oder geistigen Leistungsschwäche tun können. Zuerst wollen wir verschiedene Erschöpfungszustände ein bißchen auseinanderlegen:

- Körperliche Erschöpfung mit Nervosität: Wahrscheinlich ist bei Ihnen die Nervosität hauptschuldig. Lesen Sie bitte, bevor Sie weitermachen, zuerst das Kapitel 4 noch einmal genau durch. Nur wenn Sie sicher sind, daß Kapitel 4 für Sie nicht zutrifft, daß es Ihnen nicht »paßt«, machen Sie mit diesem Kapitel 10, »Schluß mit Erschöpfungszuständen«, weiter.
- Körperliche Erschöpfung mit Lethargie. Sie sind mißmutig, uninteressiert, weder an körperlicher noch geistiger Aktivität interessiert. Arbeit fällt schwer, auf Freunde verzichten Sie lieber, als sich mit ihnen zu treffen. Lesen Sie jetzt noch mal ganz genau das Kapitel 5 über Schlafstörungen (sind die etwa schuld?) und das Kapitel 6 über Herzprobleme, hier besonders den Abschnitt über die beginnende Verkalkung. Wenn Sie die beiden Beschwerdebilder mit einiger Sicherheit ausschließen oder als »nebensächlich« bezeichnen können, dann machen Sie mit diesem Kapitel 10 weiter.
- Geistige Erschöpfung mit allgemeiner Trägheit: Wenn die geistige Erschöpfung im Vordergrund steht, kann das ebenfalls von Schlafmangel (Kapitel 5) oder Herzstörungen (Kapitel 6) kommen. Wenn Sie aber glauben, daß das bei Ihnen nicht so ist, dann machen Sie mit diesem Kapitel weiter.
- Geistige Trägheit bei relativer körperlicher Frische: Das ist mit Sicherheit immer ein Zeichen für beginnende Arteriosklerose. Bitte widmen Sie sich dem Kapitel 6 über Herzprobleme. Das wird Ihnen am besten helfen.
- Mangelnder Spaß an der Liebe: Geistig und körperlich fühlen Sie sich »einigermaßen« fit. Aber in der Liebe hapert es. Sie werden sich bei ehrlichem Nachdenken wahrscheinlich eingestehen müssen, daß Sie sich so »fit« gar nicht fühlen, wie Sie behaupten. Das ist keine Angeberei, sondern Selbstschutz: Sie wollen sich nicht eingestehen, daß Sie auch sonst körperlich wie geistig ganz

schön abgeschlafft sind. Sie brauchen sich nicht länger etwas vorzumachen. Mit Hilfe von Autogenem Training können Sie wieder wirklich kräftig und lebensfroh werden.

Nun haken Sie bitte ab, was Sie sonst noch körperlich oder geistig schlapp machen könnte: Jeden Tag reichlich Alkohol? Jeden Tag mehr als 10 Zigaretten? Jeden Tag weniger als 8 Stunden Schlaf? Keine regelmäßige körperliche Anstrengung? Zu viel Ehrgeiz im Beruf? Privater oder beruflicher Kummer, Sorgen, Schulden? Falsche Eßgewohnheiten (Sie wissen selbst am besten, welche)?
Sie werden durch Autogenes Training bald in der Lage sein, Konflikte zu lösen und kräftiger zu werden. Allerdings dürfen Sie sich nicht selbst bemogeln. Bei anderen können Sie flunkern, wenn Sie wollen. Aber Ihr Innerstes, Ihr Unterbewußtsein läßt sich nicht austricksen. Sie haben nur die Wahl, zwischen Bewußtsein und Unterbewußtsein eine Einheit herzustellen – oder Bewußtsein und Unterbewußtsein zu spalten. Dann sind Sie eine gespaltene Persönlichkeit und bleiben lebenslang krank. Die Übungen dieses Buches sind darauf ausgerichtet, mit Wissen und Wollen die Einheit von Körper und Seele herzustellen.

Sie werden ganz von selbst, ohne Zwang, nach und nach ein paar Lebensgewohnheiten ändern, die Ihrer Gesundheit, der Einheit von Körper und Seele dienen. Ein paar Anregungen dazu finden Sie am Ende dieses Kapitels.

Sie kennen jetzt die Ursachen Ihrer Erschöpfung und wissen, daß Ihr Autogenes Training eine wirksame Methode ist, Kraft und Lebenslust zu steigern. Sie haben die logische und einfache Methode verstanden, werden sich die notwendigen Formeln zu eigen machen und von nun an täglich eine Übung absolvieren.
Sie werden den Text erst mal in Ruhe durchlesen. Sollten darin störende Worte oder Sätze vorkommen, streichen Sie diese Textstellen. Und ersetzen sie durch eigene Worte, die Ihnen wichtig und richtig erscheinen. Sie ändern aber nur, wenn es Ihnen dringend nötig erscheint.

Die autosuggestiven Sätze reden Sie dann langsam, verinnerlicht, immer wiederholend und mit Pausen versehen in sich hinein. Sie haben sich dafür entschieden, die Übungen allein zu machen und sich alles selbst »einzureden«. Oder Sie lassen sich von Ihrem Partner »bereden«. Oder Sie sprechen den folgenden Text, mit Ihren Änderungen versehen, langsam auf ein Tonband. Oder Sie bestellen die fertige Kassette (vgl. hierzu die Fußnote auf Seite 19).

Das ist der Text, den Sie für mehr Kraft und Ausdauer brauchen

Der folgende Text wird zur Behandlung von Erschöpfungszuständen auf Seite 41 bei dem Zeichen × an den Grundtext angehängt.

Alles in mir ist jetzt ruhig. Muskeln und Nerven ruhen sich aus, gehen jetzt schlafen. Muskeln und Nerven werden stark und frisch durch Ruhe. Mein ganzer Körper wird stark und frisch und froh durch Ruhe. Durch Ruhe und Wärme, strömende Wärme.
Alle meine Gedanken sind ruhig und gehen jetzt schlafen. Meine Gedanken gehen zur Ruhe, wie Muskeln und Nerven. Nichts stört mich mehr. Ruhe und Wärme umgeben mich wie ein weicher, warmer Mantel. Ruhe und strömende Wärme machen meine Gedanken warm und frisch. Mein ganzer Körper, meine Muskeln, Nerven und Gedanken werden stark und frisch.
Jeden Morgen, wenn ich ausgeruht und frisch den Tag beginne, freue ich mich auf das Leben. Egal, was ich tue, egal, was geschieht, ich freue mich froh und frisch auf den ganzen Tag. Der Tag ist schön. Jeder Tag ist schön. Denn ich bin froh und frisch. Immer, wenn ich an den nächsten Tag denke, freue ich mich auf das Leben. Froh und frisch, strömend warm und frisch, beginne ich jeden Tag. Jeder Tag fällt mir künftig etwas leichter. Tag für Tag werde ich froher und frischer. Frischer und stärker. Ich freue mich auf das Leben.
Meine Hand liegt auf dem Bauch, und ich spüre strömende Wärme und Stärke. Strömend warm und stark spüre ich Bauch und Magen. Meine Hand spürt die Wärme und die Stärke, die meinen ganzen Körper durchströmt. Ich bin strömend warm und stark. Strömend warm von Kopf bis Fuß. Meine Gedanken sind stark. Meine Muskeln sind stark. Ich bin warm und stark. Ich liebe meine Wärme und meine Stärke. Es ist schön, stark zu sein. Von Tag zu Tag werde ich nun etwas stärker. Stärke ist ein wunderbarer, befriedigender Zustand. Stärke ist schön. Ich bin warm und stark.
Ich werde wieder glücklich und kann meinen Partner (Mann, Frau, Willi, Olga) glücklich machen. Ich gebe Wärme und Stärke. Und fühle die Wärme und Stärke meines Partners in mir aufsteigen. Wärme und Stärke steigen in mir auf. Immer, wenn ich an meinen Partner denke, steigen Wärme und Stärke in mir auf.

Ich bin warm und stark für meinen Partner. Und seine Wärme und Stärke steigen in mir auf. Wärme und Stärke vereinigen sich. Wärme und Stärke sind schön. Meine Hand liegt auf dem Bauch und spürt die Wärme und die Stärke.
Meine Gedanken sind stark. Und meine Muskeln sind stark. Mein ganzer Körper ist warm und stark, den ganzen Tag frisch und stark. Meine Arbeit fällt mir leicht und macht mir Spaß. Nichts stört mich mehr. Alles andere ist ganz unwichtig, nichts belastet meinen Körper und meine Gedanken. Meine Arbeit fällt mir leicht. Die Arbeit ist leicht und erfolgreich. Ich schaffe meine Arbeit leicht und erfolgreich. Denn ich bin warm und stark. Strömende Wärme gibt mir den ganzen Tag reichlich Kraft für meine Arbeit.
Wenn ich abends nach Hause komme, bin ich leicht und frei. Meine Gedanken sind leicht, frisch und frei. Ich lebe und ich liebe frisch und frei. Ich habe Lust. Ich habe wunderbare Lust. Ich genieße zu Hause meine Lust. Jeden Abend. Weil meine Gedanken leicht und frei sind. Weil ich meine Arbeit geschafft habe. Weil ich das Leben liebe. Ich spüre immerzu, Tag für Tag, strömende Wärme und Lust in mir.
Alle Angst, alle Erschöpfung, alle Schlappheit fällt von mir ab. Verschwindet wie ein Stein im Wasser. Ich bin ruhig und warm. Ruhe und Wärme, Ruhe und strömende Wärme geben mir Tag für Tag Frische und Lust am Leben. Ich freue mich auf jeden Tag, auf jede Stunde. Jede Stunde ist schön. Jetzt ist es schön. Wunderschön, stark, strömend stark und warm. Morgen ist es schön. Immer, wenn ich an den nächsten Augenblick denke, bin ich strömend warm und stark. Frisch und frei. Jeder Augenblick ist schön. Schön und stark. Ich bin stark und froh. Ich habe Lust zu leben und zu lieben.
Meine Gedanken sind froh und frisch. Ich bin in Gedanken immer froh und frisch. Meine Gedanken werden jeden Tag etwas stärker und etwas frischer. Meine Gedanken sind frei. Meine Gedanken und meine Muskeln sind froh und frei. Strömend warm, froh und frei. Alles Schwere in mir fällt ab wie ein Stein ins Wasser. Jeder Gedanke dringt tief in mein Unterbewußtsein ein und gibt mir Kraft und Lust. Jeder Gedanke gibt mir Kraft und Lust. Kraft und Lust zum Leben und zum Lieben. Es ist schön zu leben und zu lieben. Denn ich bin ganz strömend warm und stark.

Jetzt ist es genug: Zeit zum Schlußmachen

Glauben Sie bitte nicht, daß Sie um so stärker werden, je länger Sie sich das einreden. Fünfzehn bis zwanzig Minuten für eine Übung sind genug. Zuviel des Guten strengt an und kann zum Gegenteil dessen führen, was Sie erreichen wollen. Grundübung (Kapitel 3) und angehängte Übung »Schluß mit Erschöpfungszuständen« sind so aufgebaut, daß man binnen 15 bis 20 Minuten alle wichtigen Formeln langsam, voller Pausen und Verinnerlichung und mit genügend häufigen Wiederholungen in sich hineinreden kann. Die immer wiederkehrende Wiederholung von Worten und Sätzen ist ein Teil der Methode, die zum Erfolg führt.
Weil Sie sich mit der Trainingsmethode schon in den Kapiteln 1 und 2 vertraut gemacht haben und auch die Grundübung (Kapitel 3) schon mehrmals angewendet haben, wissen Sie bereits, daß Sie alles richtig machen. Denn die ersten Erfolge im Kontakt mit Ihrem Innenleben stellen sich ziemlich schnell ein. Ihre Einreden sind langsam. Sie wiederholen die für Sie wichtigsten Sätze besonders häufig. Worte, die Ihnen nicht gefallen oder weniger wichtig oder überflüssig erscheinen, lassen Sie weg. Auf diese Weise kommen Sie auch mit der Zeit von 15 bis 20 Minuten zurecht.
Bitte schauen Sie bei Ihren Übungen niemals auf die Uhr. Stellen Sie auch keinen Wecker, der Sie aus der Verinnerlichung brutal herausreißt. Bitten Sie Ihren Partner um ein sanftes Zeichen: Er kann zum Beispiel leise eine Tür öffnen, einen Vorhang aufziehen, ein Licht einschalten. Sie wissen dann, daß Ihre Übungszeit abgelaufen ist. Dann beenden Sie in aller bereits gewohnten Ruhe Ihre Übung mit den Schlußformeln, indem Sie, wie auf Seite 45 vorgeschlagen, von eins bis fünf zählen, sich aus der Verinnerlichung herauslösen und wieder den ganz normalen Wachzustand anstreben. Die Schlußformeln lassen Sie niemals aus.

Spezielle Formeln für Ihre spezielle Erschöpfung

Die ganze komplette Übung ist so aufgebaut, daß Sie grundsätzlich jede Art von Erschöpfungen damit bessern und bei andauerndem täglichen Training allmählich wirklich beseitigen können. Vorausgesetzt natürlich, daß keine schwere organische, unheilbare Krankheit die Schwäche hervorruft. Sie wissen aber nach Studium des Buches, daß sogar Herz- und Nervenbeschwerden, Magen- und Darmstörungen, Schlaflosigkeit und Atemnot, also teils handfeste nervliche und funktionelle Erkrankungen gebessert und geheilt werden können.

Ihre Übungen gegen Ihre persönliche Art von Erschöpfung dienen also nicht nur der allgemeinen Erholung. Sie tragen auch dazu bei, Organe zu kräftigen und zu gesünderer Tätigkeit zurückzuführen.

Diese organisch kräftigende Grundtendenz können Sie noch weiter verstärken. Sie fügen an geeigneter Stelle (wo das ist, merken Sie ganz von selbst) einfach eine oder zwei Formeln ein, die auf Ihre ganz spezielle Erschöpfung zugeschnitten sind. Außerdem wiederholen Sie die für Sie wichtigsten Formeln besonders oft. Dafür streichen Sie Sätze, die Ihnen entbehrlich erscheinen oder womöglich sogar stören. Sie beachten beim Ändern, daß Sie die Gesamtübungszeit von 15 bis 20 Minuten nicht überschreiten. Für verschiedene Erscheinungsformen von Erschöpfung und Leistungsschwäche will ich Ihnen ein paar Vorschläge für Zusatzformeln machen. Sie können Sie so ummodeln, wie Ihnen der Schnabel gewachsen ist. Sie bauen die Zusatzformeln niemals in die Grundübung (Kapitel 3), sondern immer in den speziellen Teil »Schluß mit Erschöpfungszuständen« ein, wie er auf den Seiten 137 bis 138 abgedruckt ist.

Sie basteln immer nur einen einfachen, kurzen Satz.
Sie sagen immer alles positiv und niemals so, daß Sie sich dabei unwohl fühlen oder sich ängstlich, wütend, traurig oder lächerlich machen. Beispiel: »Ich darf nicht länger impotent (frigide) sein!« Solche Sätze kommen bei Ihnen nicht vor, weil Sie die Methode zur erfolgreichen Selbsteinrede, Ihr Autogenes Training, richtig verstanden haben. Und weil Sie wissen, daß Sie gar nicht »impotent« (frigide) sind, sondern lediglich den Kontakt zwischen Körper und Seele, zwischen Willen und Gefühl vernachlässigt haben.
In Wirklichkeit sind Impotenz und Frigidität ganz, ganz seltene

Krankheiten. Die meisten Leute, die nicht »können«, haben den Kontakt zur Seele verloren. Unsere Methode stellt diese Kontakte wieder her, auf allen Gebieten der Erschöpfung.
Gute, passende Formeln zum Einbauen in Ihre spezielle Übung finden Sie, wenn Sie in aller Ruhe auch die übrigen Kapitel durchlesen und dabei besonders das herauspicken, was die »Schwachstellen« Ihres Körpers betrifft.
Ein paar passende Sätze möchte ich Ihnen für verschiedene Leidensbereiche jetzt vorschlagen:

- Wenn Ihnen die Arbeit schwerfällt: Verstärkung und besonders häufige Wiederholung der Formeln »Arbeit fällt mir leicht und macht Spaß.« Außerdem : »Arbeit wird erledigt« oder »Arbeit wird erfolgreich erledigt« oder »Arbeit macht von Tag zu Tag etwas mehr Spaß.«
- Wenn Sie mehr Unternehmungslust brauchen: Verstärkung und besonders häufige Wiederholung der Formeln »Leben ist schön« und »Ich bin stark«. Außerdem: »Wir gehen abends aus, frisch und frei«. Oder »Ich freue mich auf einen fröhlichen Abend.« Oder »Gespräche machen mich frisch und frei. Meine Gespräche sind gut.«
- Wenn Sie geistig erschöpft und vergeßlich sind: »Meine Gedanken sind frei, und ich denke strömend klar und ruhig«. Oder »Meine Gedanken sind frei, und ich merke mir alles Wichtige«. Oder »Meine Gedanken, mein ganzer Kopf sind frei und frisch. Ich denke klar und ruhig.«

Wenn Kraft und Lust zur Liebe fehlen

Körperliche Liebe ist schön und richtig, wichtig und gesund. Sie stärkt sogar Herz, Kreislauf, Durchblutung und Muskeln. Wer so lieben kann, daß seine ganze Seele, seine Psyche, sein Innenleben von ganzem Herzen dabei ist, stärkt auch sein Unterbewußtsein. Verwechseln Sie deshalb die körperliche und seelische Verbindung unter Partnern nicht mit »Arbeit« oder anderen Pflichten, in denen man ein bestimmtes Maß an »Menge« oder/und »Zeit« zu liefern hat. Viele Menschen, wie es scheint, immer mehr moderne Leute, unterziehen sich in der Liebe einem Leistungszwang, bei dem am Ende Orgasmus und Erschöpfung zu stehen haben.

Körperliche und seelische Zuwendung zum Partner sind Dinge, die Frau und Mann in jedem Lebensalter und in jedem Gesundheits- und Kräftezustand sich selbst und dem andern schenken können. Dabei kommt es nicht auf schnelle Erektion beim Manne, nicht auf alsbaldigen Verkehr, nicht auf orgastische Erfolge an. Liebe ist Übertragung von seelischer und körperlicher Wärme. Liebe fängt beim »Kuscheln« an, bei Berührungen, beim »Sich-Behandeln«, was bedeutet, dem andern durch Anfassen, Streicheln, Massieren wohlzutun. Sie beginnt damit, daß man sich mit Bewußtsein und Unterbewußtsein dem andern ganz und gar widmet, in Ruhe an die körperliche und geistige Verbindung mit dem Partner denkt – und an nichts sonst auf der Welt.

Liebe ist ein Autogenes Training zu zweit. Dabei ist alles richtig, was beiden angenehm ist: Duftende Bäder und Parfüms, körperliche Spielereien, erotische Gespräche. Es gibt nichts »Perverses«. Es ist auch nicht »unanständig«, den Körper durch erotische (oder pornografische) Schriften oder Bilder zu stimulieren. Diese Art der Anregung hat nur einen Haken, wenn einer der Partner daran Anstoß nimmt.

Fast jede Frau ist in jedem Lebensalter, selbst noch mit Siebzig, zur körperlichen Liebe und Freude fähig.

Fast jeder Mann ist bis ans Ende seiner gesunden Tage zur Liebe fähig.

Wenn nur jeder mit dem zufrieden ist, was der andere empfindet und gibt. Nur wer in der Liebe vom mittleren Lebensalter an noch immer einen »sportlichen Hochleistungsakt« sieht, scheitert alsbald, empfindet sich und den enttäuschten Partner alsbald als »impotent« oder »frigide«.

Das kräftigere, unverkrampfte, schöne Liebesleben kann man mit dem Autogenen Training jederzeit lernen – allein oder zu zweit.

Grundsätzlich ist die Übung »Schluß mit Erschöpfung« dazu geeignet. Bitte wiederholen Sie möglichst oft und eindringlich alle Formeln, die strömende Wärme im Bauch, Stärke und schönes, angenehmes Leben suggerieren. Dafür streichen Sie alles, was auf »Arbeit« gerichtet ist. Fügen Sie ein paar eigene Formeln hinzu, die Ihre persönliche Liebeslust stimulieren. Dabei kommt es überhaupt nicht auf »vornehme« Ausdrucksweise an. Ein Mann kann getrost sagen: »Mein Glied ist strömend warm, es wird herrlich steif und warm«. Oder »Wenn ich abends an meine Frau (Olga) denke, habe ich Lust, mit ihr zu schlafen«. Oder »Ich lege meine Hand auf den Unterleib und spüre, wie mir die strömende Wärme Lust zur Liebe macht«.

Ebensogut kann eine Frau in sich hineinreden: »Ich bin ganz strömend warm und nehme das warme Glied meines Mannes mit

Lust in mich auf«. Oder »Ich liebe das Glied meines Mannes und gebe ihm alle meine wunderbare Wärme«. Oder »Ich spüre mit meinen Händen am Unterleib die wunderbare Wärme, die ich bei der Liebe geben kann«.

Jeder findet leicht für sich die richtigen Worte. Ausdrücke der Volkssprache sind unter Umständen geeigneter als sterile medizinische Worte. Sie können »Schwanz« oder »Votze« denken, wenn Sie das mehr erregt als »Penis« oder »Vagina«. Die persönliche Wortwahl ist sehr wichtig. Bleibt die Suggestion zu steril, wird keine Wirkung ausgelöst. Gerät sie nach Ihrem persönlichen Geschmack zu »ordinär«, wirkt sie abstoßend und verdirbt die Liebeslust erst recht.

Was Sie sonst noch für Ihre Kraft tun können

Es wird für Sie ungeheuer wichtig sein, mit Lust und Liebe, wenn möglich mit Ihrem Partner, ein Fitness-Programm aufzustellen. »Verordnungen« helfen da gar nichts. Ein solches Programm wird nämlich nur erfolgreich sein, wenn es fröhlicher, kräftigender Bestandteil Ihres Lebens wird, das Sie nie mehr aufgeben wollen.

Sie bedienen sich dazu einer ganz einfachen Methode: Sie schließen mit Ihrem Partner einen »Vertrag« und gehen darin gewisse »Selbstverpflichtungen« ein.

Sie versprechen sich gemeinsame Belohnungen, wenn Sie Ihre Vorhaben verwirklichen.

Wie weit Sie in der einzelnen Selbstverpflichtung gehen wollen, entscheiden Sie selbst – nicht der Autor der Bücher. Sie können es mit dem Partner beraten. Es gibt mehr solcher Versuche, sich durch freiwillige Selbstverpflichtungen schlechte Sitten abzugewöhnen. Viele versprechen sich für den Fall des Versagens eine »Strafe«. Tun Sie das nicht: Ihre Methode, zu der Sie sich mit Hilfe dieser Bücher entschlossen haben, geht immer von der positiven Sympathiewerbung aus. Dazu paßt keine Selbstbestrafung. Dazu paßt nur Selbstbelohnung für den Fall des Erfolgs.

Hier nun ein paar Vorschläge, wie Sie solche Verpflichtung abfassen können:

Wir beschließen heute, ein paar schlechte Angewohnheiten unseres Lebens zu beenden oder einzuschränken, weil wir uns durch

das Trainingsprogramm überzeugt haben, wie sehr wir uns durch Schlendrian schaden. Insbesondere nehmen wir uns vor:
Täglich nicht mehr als – – – – zu rauchen, den Rauch nicht mehr zu inhalieren, jeweils die halbe Zigarette wegzuwerfen.
Nicht mehr jeden Abend Alkohol zu trinken/Nur noch einmal wöchentlich Alkohol zu trinken/Täglich nicht mehr als – – – – zu trinken.
Täglich eine Stunde früher das Fernsehen abzuschalten und um diese Stunde früher ins Bett zu gehen.
Das Abendessen bis spätestens 18.30 Uhr einzunehmen, danach nicht mehr zu naschen/höchstens noch etwas Obst zu naschen, nur noch Mineralwasser zu trinken. Jeden Tag eine kleine körperliche Anstrengung zu vollbringen.
Außerdem montags (z. B. Sauna) – – – –
dienstags (z. B. kegeln) – – – –
mittwochs (z. B. schwimmen) – – – –
donnerstags (z. B. kräftiger Marschiergang) – – – –
freitags (z. B. gemeinsame Gymnastik) – – – –
Wochenende (z. B. Wanderung) – – – – .
Außerdem versprechen wir uns:
Morgens den Körper mit kalten Kneippschen Wasseranwendungen (Körpergüssen mit dem Schlauch, siehe Seite 96) in Schwung zu bringen,
nach Feierabend 1 Minute lang bis zu den Waden im kalten Wasser der Badewanne zu stapfen (Wassertreten) und anschließend täglich Autogenes Training durchzuführen. Erteilen Sie sich nicht zu viele Ablässe und Entschuldigungen. Denn Sie wollen Ihre gesunde Körperkraft möglichst schnell wiederfinden. Sie ist das schönste Gut. Sie gibt Ihnen Spaß an allem, was Sie tun.

11. Schluß mit meinem persönlichen Leiden

Ihr Autogenes Training ist eine Methode zur erfolgreichen Selbstbehandlung zahlreicher Beschwerdezustände. Sie ist kein »Zaubermittel«, das alles wegpustet. Wissen und Wollen, Bewußtsein und Unterbewußtsein, Körper und Seele werden mit dieser Methode zusammengeführt. Mit der »Organsprache« wird Einfluß auf die inneren Kräfte genommen.
Autogenes Training ist kein Glaubensbekenntnis. Es verlangt keinen »blinden« Glauben. Auch wer kritisch bleibt, kommt zum Erfolg, wenn er grundsätzlich richtig und regelmäßig übt.

Krankheiten, die Sie nicht mit Selbsthypnose behandeln dürfen

Schwere fieberhafte Krankheiten mit akutem Verlauf: z. B. Lungenentzündung, Hirnhautentzündung, Ruhr, Typhus, Paratyphus, Blinddarmentzündung, Bauchfell- und Rippenfellentzündung, Hepatitis, alle akuten schweren Infektionskrankheiten, Geschlechtsleiden.
Schwere organische Krankheiten: Krebs, schwere Herzinsuffizienz, Angina pectoris, Herzinfarkt (1 Jahr nach Infarkt zur Leistungssteigerung möglich – Arzt befragen!), Herzklappenfehler, Reizleitungsstörungen, Schrittmacherträger, Anämien, Leukämien, Thrombosen, Embolien, Lebercirrhose, Fettleber, Nierenleiden, Nieren- und Gallensteine, Diabetes, Magen- und Zwölffingerdarmgeschwüre.
Außerdem: Starke Gemüts- und Geisteskrankheiten, Wahnvorstellungen, akute Selbstmordneigung, Drogenabhängigkeit,

Schwachsinn, Senilität, Epilepsie. Vergiftungen, Unfälle. Akute dramatische Zusammenbrüche. Alle für Laien unklaren Krankheitserscheinungen.

In allen anderen Fällen ist Autogenes Training grundsätzlich mit Aussicht auf Erfolg anwendbar, wenn auch bei ernsteren Leiden auf die begleitende Kontrolle des Therapeuten nicht verzichtet werden kann.

Kopfschmerz – Migräne – Neuralgien – Allergien, Wetterfühligkeit, Angst, Phobien

Das Kapitel 4 stellt die Übung »Schluß mit Nervosität« dar. Außer den schon geschilderten nervösen Beschwerden können Sie mit dem gleichen Text behandeln:
Kopfschmerz, Migräne, neuralgische Schmerzen (anfallartige, ziehende Nervenschmerzen). Zusatzformel zum Einbauen, je nach Leidenszustand und wie Ihnen der Schnabel gewachsen ist: »Mein Kopf wird frei und klar. Jeden Tag etwas freier und klarer.« Oder »Mein Kopf ist strömend warm und ruhig. Ruhig und klar. Nichts drückt mich mehr.« Oder »Mein Kopf ist frisch und frei, ganz frisch und frei. Nichts drückt mich mehr.«
Allergien sind Beschwerden, bei denen der Körper durch Begegnung mit einer körperfremden Substanz abnorm reagiert. Bei Heuschnupfen und Asthma hilft die Übung »Schluß mit Atemnot« am besten. Bei anderen Allergien lohnt sich ein Versuch mit dem Text des Nervenkapitels. Zusatzformeln zum Selbsteinbauen: »Meine Haut, mein ganzer Körper ist frei und glatt. Nichts stört mich mehr«. Oder »Meine Haut ist strömend warm und stark. Stark und glatt (weich, zart). Natur ist schön für meinen Körper. Nichts stört mich mehr.« Oder »Meine frische Haut ist stark und schön. Von Tag zu Tag wird jetzt meine Haut etwas stärker und schöner.«
Wetterfühligkeit: »Luft ist gut und macht mich stark. Ich bin stark und ruhig.« Oder »Die Luft ist gut. Ich atme gute starke Luft und bin ganz ruhig.« Lesen Sie bitte das Atemkapitel (Seite 98ff.) besonders aufmerksam nach weiteren nützlichen Formeln durch.
Das Kapitel 5 stellt die Übung »Schluß mit Schlafstörungen« dar.

Außerdem können Sie mit dem gleichen Text erfolgreich behandeln:
Angst und sogenannte »Phobien«, Zustände von abnormer Furcht oder unwiderstehlicher Abneigung gegen Menschen, Dinge oder bestimmte Themen. Es gibt nichts, wogegen man keine »Phobie« haben könnte: Sie können den Text »Schluß mit Schlafstörungen« als Grundlage nehmen. Lesen Sie aber auch alle anderen Kapitel genau durch, bevor Sie sich endgültig für »Ihren« Text entscheiden. Auf jeden Fall finden Sie ein paar passende Worte, wie Sie Ihre persönliche Angst oder Animosität überwinden wollen. Vorschläge: »Ich werde jetzt von Tag zu Tag etwas ruhiger. Nichts stört mich mehr.« Oder »Ich bin stark und nichts ärgert mich mehr. Weil ich stark bin, drückt mich nichts.« Oder »Strömend warm spüre ich, wie stark ich bin. Stark und ruhig. Nichts kann mich ärgern.«

Sportherz, Schwangerschaft, Krampfadern, Rheuma, Prostatabeschwerden

Das 6. Kapitel zeigt alle wichtigen Formeln für Herz- und Kreislaufbeschwerden. Außerdem kann man mit dem Text erfolgreich Angst (wahlweise 5. Kapitel), Beschwerden bei Sportherz, Schwächen bei oder nach Schwangerschaft behandeln.

Ein Versuch lohnt sich bei beginnenden Krampfadern: Krampfadern können zwar von selbst nicht mehr verschwinden. Aber durch Kreislaufbesserung kann das Fortschreiten der Erkrankung unterbunden werden. Zusatzformel in diesem Fall: »Meine Venen fließen jetzt immer leicht und frei, warm und frei. Meine Beine sind frei und leicht. «

Rheumatische Beschwerden stehen in weiterem Sinne mit Herz und Blut in Beziehung. Rheumatiker wissen sicherlich, daß bei langjährigem, chronisch-fortschreitendem Rheuma das Herz organisch krank wird. Die Herz- und Kreislaufübung ist deshalb auch für Rheumatiker gut. Sehr zu empfehlen sind eigene, dem Beschwerdebild entsprechende Zusatzformeln, die sich der Rheumatiker selbst einbauen kann. Vorschläge: »Meine Arme (Schultern, Knie, je nach Schmerzgebiet) sind strömend warm. Ich spüre strömende Wärme in meinen Gelenken.« Oder »Meine Gelenke (Knie, Schulter usw.) werden von Tag zu Tag etwas wärmer und freier. Immer wärmer und freier. Strömend warm und frei.« Oder »Meine Gelenke sind strömend warm und werden frei. Ich bewege jeden Tag meine Gelenke und spüre dabei, wie strömend warm und frei sie werden.«

Viele Männer wissen wahrscheinlich nicht, daß die Prostatadrüse eines der am stärksten durchbluteten Organe ist, deren Kraft leider schon im vierten Lebensjahrzehnt erschlafft. Ihre verfilzungsähnliche Ausweitung umschlingt die Harnröhre und macht den männlichen Harnstrahl schlapp. Dieses erste Zeichen beginnender Prostatabeschwerden kann man mit der Herzübung angehen. Vorschlag für Zusatzformel: »Mein Strahl geht strömend warm und weit. Ich strahle stark und weit. Mein Strahl ist stark.« Der Erfolg heiligt die Mittel. Sie können sich ungeniert auch der Volkssprache bedienen, wenn der Harnstrahl Ihnen dabei kräftiger »kommt«: »Ich pisse wie ein Löwe, weit und heiß wie ein Löwe.«

Mit dem Text des 7. Kapitels über Atemnot können Sie außerdem noch alle chronischen Erkältungskrankheiten, Asthma, Heuschnupfen erfolgreich behandeln. Sie können damit auch Ängste und »Phobien« loswerden, wenn es Ihnen »den Atem verschlägt«. Vorschlag für Zusatzformel:

»Mein starker Atem gibt mir Kraft. Nichts regt mich auf.« Oder »Mein starker Atem pustet Ärger weg«. Oder »Ich atme ruhig ein und aus und puste allen Ärger weg.«

Chronische Durchfälle

Das 8. Kapitel macht »Schluß mit Verstopfungen«. Sie werden jetzt etwas verwundert sein, wenn ich Ihnen sage, daß Sie mit fast dem gleichen Text auch das Gegenteil heilen können: chronische Durchfälle. Leute, die täglich drei, vier, fünfmal Stuhlgang haben, verlieren dabei nicht nur ersetzbares Wasser, sondern vor allem nicht so leicht ersetzbare Mineral- und Schmierstoffe. Sie werden schlapp und krank. Der Arzt muß klären, ob der Dauerdurchfall bakteriell oder sonstwie organisch verursacht wird.

Wenn das nicht so ist, sondern der Durchfall nervöse Ursachen hat, lohnt sich der Versuch mit dem Text des 7. Kapitels. Nötige Änderung, die der Patient selbst vornehmen kann: Alles, was den Stuhlgang »weich« macht, wird gestrichen. Dafür einsetzen: »Täglich einmal ist genug. Ich gehe täglich einmal zur Toilette, stark und normal. Mein Stuhl ist stark und normal. Mein Darm hält meinen Stuhl den ganzen Tag. Und täglich gehe ich stark und normal einmal. Täglich will ich einmal starken, warmen Stuhl haben. Täglich einmal, warm und stark. Jeden Morgen einmal, warm und stark.«

Appetitzüglung

Der Text des 10. Kapitels »Schluß mit Erschöpfungszuständen« ist grundsätzlich auch geeignet, übermäßigen Appetit zu zügeln. Einfache Erklärung: Unbotmäßiges Essen, Völlerei oder, volkstümlich gesagt, Freßsucht ist Zeichen einer Willensschwäche, einer »Erschöpfung« des Willens. Vielesserei macht nicht stark, sondern beschwert, stellt für den Körper eine große Anstrengung dar und führt langfristig zu schweren körperlichen Schäden. Es ist bekannt, daß Übergewicht das Leben verkürzt. Daran ändert sich nichts, auch wenn mal ein Dicker ausnahmsweise steinalt wird und ein Schlanker sehr früh und traurig stirbt.

Wer mit Wissen und Wollen über den Körperkontakt übermäßigen Appetit zügeln will, wird im Text des 10. Kapitels einige Abschnitte finden, die für ihn nicht zutreffen. Diese Passagen werden einfach gestrichen. Dafür setzt man an geeigneter Stelle sinngemäß folgenden Text ein:

»Ich bin stark und gebe meinem Magen nur noch, was er braucht. Mein Magen bekommt jetzt jeden Tag, was er will. Mein Magen ist strömend warm und verdaut kräftig alle leichten Speisen, die ich ihm gebe. Tag für Tag, bei jeder Mahlzeit, bekommt von nun an mein Magen nur noch, was er braucht. Ich brauche keine Völlerei (Fresserei), weil ich stark bin. Mein Magen braucht keine Völlerei, weil er strömend stark meinen Körper erfüllt. Mein Magen ist gesund. Ich bin gesund, weil ich jetzt nur noch esse, was mein Magen braucht. Ich brauche keine Völlerei. Ich esse mit Genuß nur noch kleine Mengen und fühle mich wohl. Ich fühle mich ganz wohl, weil ich nur noch wenig esse. Ich brauche keine Völlerei mehr. Mein Magen bekommt jetzt jeden Tag nur noch, was er braucht. Völlerei ist ganz unwichtig. Völlerei ist Unsinn. Mein gesunder Körper, mein gesunder Magen braucht sie nicht.«

Wer unter Naschsucht leidet; kann noch hinzufügen: » Nascherei ist vollkommen unwichtig. Ich nasche nicht mehr, weil das vollkommen unwichtig ist. Naschen ist Unsinn.«

Training gegen Alkohol

Die meisten Menschen behaupten von sich, daß sie mit Alkohol umgehen können. »Nur« ein Prozent der Bundesbürger ist mehr oder weniger vom Alkohol abhängig oder alkoholkrank.
Ich möchte Sie bitten, daß Sie, liebe Leserin, und Sie, lieber Leser, jetzt mal über Ihre Beziehung zum Alkohol nachdenken.
Sie wissen, fast am Ende dieses Buches, längst, daß mit der hier dargestellten Art des Autogenen Trainings keine sektiererischen Ansichten oder Lebensformen propagiert werden. Sie können also vertrauensvoll davon ausgehen, daß wir Sie mit den folgenden Überlegungen nicht klammheimlich zum »Alkoholiker« stempeln wollen.
Die wissenschaftliche Medizin hat ziemlich genau ausgerechnet, welche tägliche Alkoholmenge für den Körper des Erwachsenen mit Sicherheit schädlich ist:

- Beim Manne sind es 60 Gramm.
- Bei der Frau sind es 30 Gramm. Ausnahmen bestätigen die Regel.

Schon unterhalb der Grenze gerät der Körper in »unkontrollierbare Zustände«. Hiermit ist nicht der fröhliche Schwips gemeint, den sich getrost jeder Gesunde gelegentlich mal einfangen kann. Gemeint ist, daß schon regelmäßig 20 oder 40 Gramm Alkohol Stoffwechselvorgänge auslösen, die zu Fettansatz, Blutzuckerbildung, Sauerstoffentzug aus Blut und Zellen, Veränderungen der Darmflora führen. Herztätigkeit, Blutdruck und Atmung ändern sich meßbar.
Das Alkoholverarbeitungsgerät ist die Leber. Sie ist bis heute nicht operierbar, kann nicht transplantiert werden, und es gibt kein wirksames Medikament zur Leber-Heilung. Klipp und klar: Kaputte Leber – tot. Ich möchte es Ihnen ersparen, das schreckliche Ende von Leberkranken auszumalen.
Nun rechnen Sie bitte mal mit:
Ein Liter Bier (3% Alkohol) hat 30 Gramm Alkohol.
Eine ¾-Liter-Flasche Wein (10% Alkohol) hat 75 Gramm Alkohol.
Ein »doppelter« Schnaps (4 cl. durchschnittlich 35% Alkohol) hat 9 Gramm Alkohol.
Die Alkoholmengen sind absichtlich knapp gerechnet.
Schreiben Sie sich nun selbst an den Rand des Buches, wieviel Sie täglich trinken (in Alkohol umgerechnet). Wenn Sie »nur« jeden zweiten Tag trinken, teilen Sie die Menge durch zwei.
Es scheint, daß nur der regelmäßige Alkoholkonsum dem körperlich gesunden Erwachsenen schadet. Wer einmal in der

Woche oder noch seltener trinkt, braucht Gesundheitsschäden grundsätzlich nicht zu fürchten. Wer wirklich und ehrlich täglich nur ein Glas Bier oder ein Glas Wein oder einen Aperitif oder einen Schlummerschnaps trinkt, ruiniert seine Leber auch nicht. Nur: Bleibt's denn bei dem einen? Lügen wir uns da nicht alle etwas vor? Jeder Mensch kann sich selbst so viel bemogeln, wie er will: Die Leber läßt sich nicht austricksen und zählt jedes Gramm Alkohol. Wenn Sie bei Ihrer persönlichen Alkoholbilanz über die 20-Gramm-Marke kommen, dann würden Sie sich garantiert einen großen Dienst erweisen, mit Autogenem Training vom regelmäßigen Alkoholkonsum abzurücken. Sie kennen jetzt die Probleme, wollen Alkohol als Regelgetränk vergessen und wissen genau, daß Ihnen das mit einem autosuggestiven Text möglich ist. Sie sind nicht alkoholkrank oder süchtig, sondern wollen eine schädliche Gewohnheit abschaffen.

Die autosuggestiven Sätze reden Sie langsam, verinnerlicht, immer wiederholend in sich hinein. Jeden Tag, bald nach Feierabend. Sie haben sich entschieden, die Übung allein zu machen und sich alles selbst »einzureden«. Oder Sie lassen sich den Text vom Partner zusprechen. Oder Sie reden den Text selbst auf ein Tonband.

Das ist der Text, den Sie gegen täglichen Alkohol brauchen

Der folgende Text wird zur Behandlung der Alkoholgewöhnung auf Seite 41 bei dem Zeichen × an den Grundtext angehängt.

Alles in mir ist jetzt ruhig. Muskeln und Nerven ruhen sich aus, gehen jetzt schlafen, ganz ohne Alkohol. Muskeln und Nerven werden stark und frisch ohne Bier (Schnaps, Wein). Mein ganzer Körper wird stark und frisch und froh ganz ohne Bier (. . .). Ruhe und Wärme durchströmen mich. Alkohol ist unwichtig. Nichts stört mich mehr, nichts regt mich auf. Nerven und Muskeln können ruhen, weil Alkohol ganz unwichtig ist. Meine Gedanken sind ruhig und frei. Meine Gedanken sind klar ganz ohne Fusel. Muskeln, Nerven, Gedanken sind klar und frisch ohne Bier und Schnaps.

Jeden Morgen, wenn ich ausgeruht und frisch den Tag beginne, freue ich mich auf das Leben ohne Bier und Schnaps. Egal, was ich tue, egal, was geschieht, ich freue mich und schaffe alles ohne Alkohol. Froh und frisch, frisch und frei beginne ich jeden Tag. Alkohol ist vollkommen unwichtig. Ich brauche keinen Fusel, weil ich stark bin.

Meine Hand liegt auf dem Bauch, und ich spüre strömende, stärkende Wärme. Strömend warm spüre ich Bauch und Magen. Meine Hand spürt die Wärme und die Stärke, die ich nur ohne Alkohol habe. Mein ganzer Körper ist so stark. Strömend warm und stark von Kopf bis Fuß. Keine Verwirrung. Immer klar. Kein Fusel. Es ist schön, so stark zu sein. Klarer Kopf. Alkohol vollkommen überflüssig. Starker Körper. Klar und stark ohne Fusel.

Ich liebe meine Wärme und meine Stärke. Ich werde jetzt von Tag zu Tag etwas stärker ohne Alkohol. Stärker und erfolgreicher. Auf der Arbeit. Klar und stark ohne Alkohol. Auch in der Liebe werde ich stärker ohne Schnaps und Bier. Ich genieße meine Stärke viel besser, jeden Tag etwas besser. Werde stark in der Liebe. Lieben ohne Alkohol ist viel schöner. Ich bin ruhig, fröhlich, frei, stark. Immer ohne Fusel. Wärme und Stärke steigen in mir auf. Ich bin warm und stark für mich und meinen Partner.
Meine Gedanken sind stark und frei. Alkohol ist vollkommen unnötig. Ich trinke nur noch bei seltenen Gelegenheiten ganz wenig. Nur mal zur Geselligkeit. Weil Alkohol unnütz ist. Ohne Bier und Schnaps, nur ohne Bier und Schnaps bin ich stark und frei, und kann gut arbeiten und lieben.

Wenn ich abends nach Hause komme, bin ich jedes Mal leicht und frei. Meine Gedanken, meine Muskeln, meine Nerven entspannen sich leicht und frei. Ich habe Lust, zu leben und zu lieben. Ganz ohne Alkohol. Immer ohne Alkohol. Leben und Lieben sind nur schön ohne Alkohol. Jeden Abend bin ich froh und frisch und frei von Kopf bis Fuß. Weil ich meine Arbeit geschafft habe. Weil ich das Leben liebe. Alles ist ganz leicht ohne Schnaps und Bier. Alles gelingt viel besser ohne Fusel.

Alle Erschöpfung, alle Schlappheit fallen von mir ab. Verschwinden wie ein Stein im Wasser. Ich bin ruhig und warm. Ruhe, Wärme und Erfolg geben mir Tag für Tag Kraft zum Leben. Kraft zum Erfolg. Jeder Augenblick meines Lebens ist schön. Schön ohne Bier und Schnaps. Meine Gedanken sind frei. Alle dummen Angewohnheiten fallen von mir ab wie ein Stein, der ins Wasser fällt. Jeder Gedanke dringt jetzt tief in mein Unterbewußtsein ein und gibt mir Kraft und Ruhe. Ruhe und Kraft, die ich nur ohne Alkohol richtig genießen kann. Ich genieße jeden Tag Kraft und Ruhe.

Training gegen Nikotingewöhnung

Über die Vielraucherei ist schon so viel geschrieben worden, daß ich mich kurz fassen darf. Daß Rauchen schädlich ist, wird von keinem Menschen bestritten. Jeder Raucher weiß es. Die meisten rauchen weiter. Viele hören auf – und werden irgendwann rückfällig. Die Regierung hat verordnet, daß ab 1. Oktober 1981 jede Zigarettenpackung eine Aufschrift tragen muß: »Rauchen gefährdet Ihre Gesundheit.«

Nikotin ist ein Nervengift. Winzige Mengen dringen über Mund-und Rachenraum fast augenblicklich auf Nervenzellen ein und lösen einen ersten Mechanismus aus: Zahlreiche Gefäße werden zusammengezogen.

Weitere Mengen Nikotin und »Teer« gelangen in die Lungenbläschen und stören dort garantiert den lebenswichtigen Stoffwechsel. Die Luftdurchlässigkeit der Bläschen-Membranen wird beeinträchtigt. In Luftwegen lagert sich Verbrennungsmaterial ab. Die Ablagerungen können Krebs provozieren. Das über die Lunge ins Blut gelangende Nikotin durchseucht den gesamten Körper. Auch über den Speichel gelangen Nikotin und Teer in den Körper. Magen und Darm werden belastet. Bei der Verdauung spielen Nikotin und Teer eine negative Rolle.

Die unheilvolle Dreifachwirkung über Nerven, Lunge und Verdauungswege läßt sich nicht außer Kraft setzen. Außer: Man hört auf zu rauchen.

Diese Erkenntnisse können Rauchern leider so lange vorgebetet werden, wie man will: Bei vielen bleiben sie ohne Erfolg. Nun soll man erwachsene Menschen vielleicht auch nicht allzusehr bevormunden. Schließlich gibt es noch mehr gesundheitsschädliche Verhaltensweisen: Alkohol, Völlerei, Bewegungsmangel, Schlafmangel. Die Opfer der Sünden kosten als Frührentner Milliarden aus dem Steuersäckel.

Möglicherweise sind Wege, die zur Mäßigung führen, erfolgreicher als die Verkündigung der »reinen Lehre«.

Es ist schon ein Erfolg, wenn der Raucher jede zweite Zigarette wegläßt, indem er sich selbst einredet: »Ich bin stark und frei und kann getrost noch abwarten.«

Es ist auch ein Erfolg, wenn der Raucher nicht mehr inhaliert, sondern nur noch pafft, indem er sich einredet: »Ich schone meine Lunge, weil ich paffe.«

Es ist auch ein Erfolg, wenn sich der Raucher entschließt, die nur

zur Hälfte gerauchte Zigarette wegzuschmeißen – indem er sich einredet: »Ich habe schon genug – es schmeckt nicht mehr.«
Es ist schließlich ein großer Erfolg, wenn der Raucher auf »Leichtzigaretten« umsteigt.
Wer schon solche und ähnliche Versuche unternommen hat und mit Wissen und Wollen wirklich sein Rauchverhalten »in den Griff« nehmen will, wird mit dem Autogenen Training ausgezeichnete Erfolge erzielen. Er kann das Rauchen reduzieren oder ganz aufgeben. Voraussetzung: Er suggeriert sich die folgenden Formeln so lange, womöglich jahrelang, jeden Tag immer wieder, bis das Rauchbedürfnis überhaupt nicht mehr besteht.
Diese tägliche Übung ist kein »hoher Preis« – im Gegenteil. Mit der Übung ist so viel Lebensgenuß verbunden, daß die 15 bis 20 Minuten keine »verlorene«, sondern gewonnene Zeit sind.
Die autosuggestiven Sätze reden Sie langsam, voller Verinnerlichung, immer wiederholend in sich hinein. Jeden Tag, bald nach Feierabend. Sie haben sich entschieden, die Übung allein zu machen und sich alles selbst »einzureden«. Oder Sie reden den Text auf ein Tonband. Oder Sie lassen sich den Text vom Partner zusprechen.

Das ist der Text, den Sie gegen Nikotingewöhnung brauchen

Der folgende Text wird zur Behandlung der Nikotingewöhnung auf Seite 41 bei dem Zeichen × an den Grundtext angehängt.

Alles in mir ist jetzt ruhig. Nerven und Muskeln ruhen sich aus, gehen jetzt schlafen. Sie erholen sich wunderbar ohne Zigaretten (Pfeife, Zigarren). Nerven, Muskeln werden stark und frei ganz ohne Nikotin. Nikotin ist vollkommen unnütz. Ruhe und Wärme durchströmen mich ganz wunderbar, ohne Nikotin. Nikotin ist unnütz. Nichts stört mich mehr, nichts regt mich auf. Weil ich ohne Nikotin stark und frei bin. Nerven, Muskeln und Gedanken sind strömend warm und frei, ohne Nikotin.
Wunderbare Frische durchzieht meinen Magen, weil ich stark und frei von Nikotin bin. Mein Magen ist stark und strömend warm. Ich lege die Hand auf meinen Magen und spüre, wie mein Magen strömend warm, frei und stark ist. Nichts rumort mehr in mir, weil mein Magen endlich frei von Nikotin ist. Ich schlucke jetzt kein Nikotin mehr. Mein Magen ist strömend warm und frei.

Ich spüre es mit meiner Hand. Gesund und stark ist mein Magen, ganz ohne Zigaretten.
Meine Lunge atmet für mich so stark und frei wie früher. Meine Lunge macht mich stark, gibt mir Luft für meinen ganzen Körper. Kein Nikotin dringt durch die Lunge. Alles in mir ist strömend warm und frei. Frei von Nikotin. Meine Lunge ist strömend warm und stark und frei. Ich spüre meinen gesunden, frischen, freien Atem. Ich bin stark und stolz, stark und stolz. Denn ich brauche kein Nikotin mehr. Es ist ganz unnütz, Nikotin zu rauchen.
Ich liebe meine strömende Wärme und meine Stärke in mir. Ich werde jetzt jeden Tag etwas stärker, weil ich ohne Nikotin bin. Ich wache morgens auf und bin frisch und frei. Ich schaffe meine Arbeit leicht und mit klarem Kopf. Weil ich frei von Nikotin bin. Kein Gift stört meinen Körper. Und ich genieße meinen Feierabend ganz ohne Nikotin.
Ich genieße gute Luft. Und ich genieße Menschen, die ich riechen kann. Meinen Partner genieße ich. Genieße seinen Duft ganz ohne Qualm von Tabak. Tag für Tag genieße ich etwas mehr, etwas schöner den wunderbaren Duft um mich herum. Ohne Qualm von Tabak. Ich bin frisch und frei und stark für mich und meinen Partner (meine Familie). Ich bin ruhig. Nichts stört mich mehr. Nichts macht mich nervös. Weil ich stark und frei bin – ohne Nikotin und Qualm von Tabak.
Alle Erschöpfung, alle Schlappheit fallen von mir ab. Verschwinden wie ein Stein im Wasser. Ich bin frisch und frei, frisch und frei von Nikotin. Die neue Kraft gibt mir Erfolg im Leben. Tag für Tag gewinne ich neue Kraft und mehr Erfolg. Ich genieße dieses Leben. Jeder Augenblick meines Lebens ist jetzt schön, ganz ohne Qualm von Tabak, ohne blauen Dunst. Ich mache mir keinen blauen Dunst mehr vor. Ich genieße das Leben, den Erfolg, meine Stärke. Ich spüre, daß ich allmählich, Tag für Tag, etwas stärker werde. Von morgens bis abends. Immer etwas stärker. Kein blauer Dunst mehr. Kein Nikotin. Qualm ist vollkommen überflüssig.
Meine Gedanken sind frei. Alle dummen Angewohnheiten fallen von mir ab wie ein Stein im Wasser. Jeder Gedanke dringt jetzt tief in mein Unterbewußtsein ein und gibt mir Freiheit und Kraft. Freiheit und Kraft, die ich ohne Nikotin richtig genießen kann. Ich genieße mit meinem Unterbewußtsein jeden Tag Freiheit und Kraft. Ich bin frei und stark, jeden Tag, ohne Nikotin. Meine Finger brauchen keine Glimmstengel mehr. Ich bin ruhig. Meine Finger, meine Hände sind ruhig, frisch und sauber ohne Nikotin. Ich dufte sauber. Meine Haut ist sauber und frisch ganz ohne Nikotin.

Jetzt ist es genug: Zeit zum Schlußmachen

Auch die Übungen gegen Alkohol- und Nikotingewöhnung werden täglich 15 bis 20 Minuten gemacht. Grundübung (3. Kapitel) und angehängte Spezialübung gegen Alkohol oder gegen Nikotin sind so aufgebaut, daß man in dieser Zeit alle Formeln hinreichend oft und ruhig in sich gekehrt sprechen kann. Die verinnerlichte, eindringliche und zugleich monotone Wiederholung ist ein wichtiger Teil der Methode, die zum Erfolg führt.

Sie machen alles richtig und halten sich nur an die Grundzüge der Methode, wie sie dieses Buch vermittelt. Worte, die Ihnen nicht gefallen, die nicht zu Ihnen oder Ihren Beschwerden passen, alles, was Ihnen lächerlich oder geschwollen vorkommt, streichen Sie einfach weg. Und ersetzen es durch eigene Worte und Sätze, die Sie mit Bleistift in den jeweiligen Text hineinschreiben. Kommen Sie mit der Zeit nicht aus, dann streichen Sie heraus, was Ihnen am ehesten entbehrlich erscheint und was überhaupt nicht zu Ihnen paßt.

Sie wissen, daß Sie nicht auf die Uhr schauen und nicht den Wecker stellen werden, um die Übungsdauer von 15 bis 20 Minuten möglichst genau in den Griff zu bekommen. Sie lassen sich vom Partner ein sanftes Zeichen geben: Das leise Öffnen einer Tür, eines Vorhangs, das Einschalten einer indirekten, entfernten Lampe.

Und nun beenden Sie bitte in aller Ruhe Ihre Übung mit den Schlußformeln, indem Sie, wie auf Seite 45 vorgeschlagen, von eins bis fünf zählen, sich aus der Verinnerlichung herauslösen und wieder den ganz gewöhnlichen Wachzustand anstreben.

Register

humboldt-taschenbücher

Künstlerisches Gestalten
Zeichnen (268)
Malen (381)
Töpfern (384)
Trockenblumen (385)
Glasmalerei (402)
Aquarellmalerei (426)
Porzellan/Keramik bemal. (429)
Ölmalerei (450)
Salzteig modellieren (490)
Schöne Schriften (508)
Seidenmalerei (509)
Modellieren (543)
Schmuck gestalten (568)

Fotografieren/Filmen
Fotolexikon (308)
Filmen – Technik, Motive (330)
Fotokurs für Einsteiger (475)
Spaß mit Fototricks (478)
Pflanzen fotografieren (502)
Blitz- und Kunstlicht (540)
Gute Porträtfotos (558)
Fotolabor (563)
Bessere Urlaubsfotos (583)

Garten
Garten im Jahreslauf (202)
Balkon – Terrasse (350)
Hydrokultur (413)
Gartenteich (448)
Die 100 schönst. Gartenbl. (470)
Freude am Biogarten (474)
Laubbäume+Zier-
sträucher (527)
Rasen – Wiese –
Bodendecker (552)
Mein Gewächshaus (575)

Schach
Schach f. Anfänger (85)
Schach o. Partner f. Anf. (299)
Schachtaktik (363)
Eröffnungsspiele (386)
Schach ohne Partner
für Könner (432)
Bauer im Schachspiel (433)
Schachcomputer (465)
Spaß mit Schach (479)

Kartenspiele
Kartenspiele (199)
Skat (248)
Bridge (273)
Patiencen (293)
Schafkopf/Doppelkopf (481)
Kartenspiele –
einmal anders (541)
Tarot (546)
Skatkurs für Aufsteiger (587)

Gesellschaftsspiele
Spielen Sie mit (190)
Mit Zahlen spielen (237)
Brettspiele/Denkspiele (282)
Schreibspiele/
Streichholzspiele (352)
200 Spiele (401)
Würfelspiele (412)
Zahlenspiele (443)
Domino (522)
Was spielen wir
in netter Runde (556)
Humboldt-Zauberbuch (567)

Quiz
Frag mich – ich antworte (23)
Wer weiß es (68)
Frag mich was (79)
Frag noch was (83)
Frag weiter (90)
Kreuzworträtsel-Lexikon (91)
Quiz i. Wort u. Bild (174)
Rätsel, leicht gelöst (263)

Tests
Spaß mit Tests (195)
Teste Deine Intelligenz (225)
Trimm dich geistig fit! (520)
Teste Dein Musikwissen (533)

Sport

Allgemein
Taschenlexikon d. Sports (302)

Fitness/Gymnastik/Yoga/Laufen
Yoga (82)
Gymnastik (228)
Yoga+Gymnastik (333)
Lauf dich fit (382)
Radfahren (421)
Vital durch Gymnastik (495)
Fit durch Bodybuilding (528)

Ballsportarten
Volleyball (436)
Fußball (451)
Das ist Golf (584)

Judo/Karate
Selbstverteidigung (178)
Judo/Karate/Taekwon-Do (372)
Judo für Jugendliche (391)
Judo – mein Freizeitsport (454)
Karate (493)

Sportschießen
Sportschießen (300)

Wassersport/Angeln
Angeln und Fischen (206)
Windsurfen (305)
Kanu (326)
Schwimmen (477)
Surfschein (499)
Segelführerschein A (500)

Skisport
Skilanglauf (241)
Ski-Gymnastik (460)
Ski alpin (488)
Skibuch für Kinder u. Eltern (539)

Tennis/Squash
Tennis-Regeln (253)
Squash (360)
Tennis-Training (374)
Tennis: Schlagtechnik (420)

Reiten
Moderne Reitlehre (205)
Pferde u. Reiten (323)
Pferd f. Freizeit u. Sport (380)
Mit Pferden umgehen (427)
Reiten lernen (444)

Kegeln/Bowling/Billard
Kegeln (243)
Billard (419)
Kegelspiele (487)

Sprachen

Englisch
Englisch in 30 Tagen (11)*
Englisch f. Fortgeschr. (61)
Englisch – Bild f. Bild (296)
Englischer Basis-Wortschatz (574)
Englisch – jetzt in Comics (578)

Französisch
Französisch in 30 Tagen (40)*
Französisch f. Fortgeschr. (109)
Französisch – Bild f. Bild (297)
Französisch – jetzt in Comics (579)

Spanisch
Spanisch in 30 Tagen (57)*
Spanisch – Bild für Bild (345)
Spanisch – jetzt in Comics (581)

Italienisch
Italienisch in 30 Tagen (55)*
Italienisch f. Fortgeschr. (108)
Italienisch – Bild f. Bild (344)
Italienisch – jetzt in Comics (580)

Weitere Sprachen
Russisch in 20 Lekt. (81)
Dänisch in 30 Tagen (124)
Griechisch f. d. Urlaub (373)

Die mit * versehenen Sprachentitel gibt es auch als Buch **mit Übungscassette:** Englisch (800), Französisch (801), Italienisch (802), Spanisch (803).

Moderne Information

Kultur+Kunst
Baustile (351)
Was Kinder fragen (565)

Wirtschaft
Wirtschaftslexikon (24)
Betriebswirtschaft (153)

Philosophie
Wörterbuch d. Philosophie (485)

Geschichte
Staatsbürgerkunde (438)

Technik/Elektronik
Elektrotechnik (163)
Datenverarbeitung (200)
Mikroprozessoren (338)

Aktuelle Information
Weltatlas (227)
Astrologie (284)
Fremdwörterlexikon (446)
Handlesen (483)
Vornamenbuch (210/505)
Mein praktischer
Geburtstagskalender (530)
Sternzeichen (547)
Horoskopberechnung (561)
Musiklexikon (566)

Psychologie
Psychoanalyse (168)
Psychologie (238)
Psi – Rätselhafte Kräfte (244)
Erkenne dich (283)
Wörterbuch
der Psychologie (416)

Medizin
Taschenlexikon Medizin (462)